엄마의
밥상。

엄마의 밥상

초판 1쇄 발행 2023년 12월 25일

지은이 강화진

펴낸이 임병천
펴낸곳 책나무출판사
출판신고 2004년 4월 22일 (제318-00034)

주소 서울시 영등포구 신길3동 325-70 3F
전화 02-338-1228 **팩스** 0505-866-8254
홈페이지 www.booktree.info

ⓒ 강화진 2023
ISBN 978-89-6339-733-7 03810

*이 책의 판권은 지은이와 책나무출판사에 있습니다.
*양측의 서면 동의 없는 무단 전재 및 복제를 금합니다.
*잘못된 책은 바꿔드립니다.
*이 책은 강원특별자치도, 강원문화재단 후원으로 발간되었습니다.

엄마의
밥상。

강화진 에세이

책나무출판사

| 머리말 |

  봄에 시작된 글쓰기는 겨울에 접어들어서야 끝을 맺게 되었다. 부담을 가지면서도 글을 쓸 수 있는 장이 펼쳐진 것에 대한 감사가 부담을 넘어선 시간이었다. 어릴 적 큰어머니 집에서 봤던 온갖 먹을거리 가득하던 '광'처럼 내 속에도 '광'이 있을 것이라 생각했다. 그리고 하나씩 꺼내기 시작을 하는데 나의 '광'은 큰어머니의 그것과는 다른 '광'이었다. 내 기억 속의 이야기는 단순히 보관만 되어있는 이야기가 아닌 그 안에서 새롭게 창조된 피조물이 되어 있었다. 그래서 글을 쓴 지난 시간은 내게 '나'를 만나게 함과 동시에 나와 엄마와 이웃을 다시 바라보게 한 시간이었다.

  글을 써 가며 당황했던 것은 내 안에 남아있는 엄마의 흔적이었다. 엄마와 헤어진 시간이 강산이 두 번도 훨씬 넘긴 시간임에도 그렇게도 깊게 넓게 엄마가 내 안을 채우고 있을 줄은 몰랐다. 유년기와 청소년기, 청년기를 엄마와만 가족을 이루고 살아서인지 아니면 준비 없이 떠나간 엄마에 대한 그리움이 무의식의 세계 속에 가득 차 있던 것인지 끝없이 엄마가 나오기 시작했다. 이젠 웃으며 엄마 얘기를 할 수 있다고 생각했는데 끊임없이 나오는 엄마는 이런 얘기를 하던 나를 무색하게 만들었다. 수시로 불쑥불쑥 튀어나오는 엄마는 좋다가 그립다가 보고프다가 결국엔 서럽게 만들었다. 질금거리는 나를 보며 주책이다 싶다가도 주책 좀 부리자며 소리를 내기도 하고 글을 쓰다 말고 강으로 달려가기도 했다. 갱년기 핑계를 대기도 했지만 그러면서 나는 내 안에 그리움과 한가지로 단언하기 힘든 사람만이 가지는 감정의 색들을 생각하기 시작했다. 엄마로 시작된 이 감정은 고향을 생각하게 했고 사람이 가진 고독과 외로움을 바라보게 하였다. 그러면서도 불쑥 나오는 또 다른 '광' 속 이야기는 마냥 나를 외로움과 고독 속에 머물게만 하진 않았다. 열 달이 주는 힘듦 없이, 아이를 낳는 고통 없이 나를 '엄마'라 불러주는 한 아이가 있다. 설이를 만나 8년간의 시간을 보내며 힘든 과정을 겪고 아이를 낳은 엄마들이 들으며 코웃음 칠 얘기겠지만 그래도 조금은 엄마가 이렇구나 하는 것을 알게 되었다. 아이가 주는 희열은 태어나 처음 알게 된 감정이고 아이를 생각하며 짠한 생각이 들어오면 한없이 아픈 시간이었다. 예전에 만나 이가 자기 아이만 생각하면 짠하다는 말을 했을 때 뭐가 짠하다는 것인지 아이 원하는 대로 다 해주는 엄마가 할 생각은 아니라 여기며 공감할 수 없었다. 그러나 설이를 만나며 나는 엄마들이 하는 거의 모든 감정을 조금씩 맛을 보고 있는 중이다. 나도 신기하고 주위에서 나를 보는 이들도 신기해한다. 나의 엄마가 나를 키우며 느낀 감정이 나는 설이를 보며 알아가는 것을 보며 사람과 사람 사이에 이어진 인연의 끈을 보고 있다. 그러면서 내 곁의 이들을 생각했고 함께 살아가는 이들이 결국은 나의 삶의 스승이란 생각을 굳히게 되었다. 이것은 비단 사람뿐 아니라 살아있는 모든 생물에게까지 이어지고 있는데 나는 이 모든 것들과의 관계를 이번 글을 써 가며 정리할 수 있었다. 흩어져있던 것들이 모아지고 구분되어 지는 경험을 글을 써 가며 하게 된 것이다.

 늘 글을 쓰는 삶을 살고 싶다고 생각만 하고 있었다. 노트에 짧은 단상을 적어가며 그 목마름을 채워가고 있었는데 시를 쓰는 친구가 이런 나를 매년 건드려 줬다. 아마 이 친구가 아니었으면 나는 지금도 노트에 단상을 적어가는 시간을 보내고 있을 것이다. 친구의 건드림에 조금의 용기가 더해지자 생각지도 않은 선물을 받게 되었다. 수업이 없는 오전에 아무도 없는 교실에서 글을 쓰고 글을 읽어갔다. 마냥 좋을 것 같았던 시간이었는데 가다보니 부족함이 발견되고 부족함을 알게 되자 답답하고 두려웠다. 맞지 않는 품새의 옷을 입으려는 욕심일거란 생각에 괴롭고 부끄러웠다. 그럼에도 잃지 않으려 잡고 있던 한 가지는 글이 주는 힘을 내가 알고 있다는 것이었다. 어려서 마루 한 편에 앉아 읽던 동화, 학교를 끝낸 토요일 오후에 들렀던 서점의 책 냄새, 어른이 되어 책을 통해 만난 수많은 스승과의 만남, 죽음을 앞 둔 엄마를 보며 죽음에 관한 책을 찾아 읽어갈 때 '부모님의 떠나가심은 인간이 육체 이상이라는, 시야의 넓어짐을 자식에게 선물로 주시는 것이다'라는 곽노순 선생의 글을 읽고 죽음을 받아들인 시간, 이 모든 것들은 글이 주는 힘이었고 위로란 것을 내가 분명하게 안다는 것이었다. 이런 생각을 굳힌 채 한 가지를 잡고 글을 써 가자 고맙게도 내가 나를 위로하는 순간을 마주치게 되었다.

여전히 나의 글이 책으로 나온다는 것에 부끄러움이 앞선다. 이래도 되나 싶은 걱정도 있다. 그러나 그런 반면 부끄러움을 알기에 글쓰기 공부에 매진하리란 다짐을 하고 있다. 더 깊이 사유하는 삶을 살아내고 배움에 마음을 쏟으며 나의 시간을 사용할 생각이다.

나의 '광'에 더 많은 것을 담고 잘 숙성시켜 '광'밖으로 꺼내는 일을 해 나가길 소망하며.

| 목차 |

1장
그리움

o

엄마의 밥상 · 13 / 손맛 · 17 / 복민교육원 · 25 /
나는 엄마와 둘이 살았다 · 32 / 비름나물 · 39 / 막대기 하나 · 43 /
발걸음의 무게 · 51 / 최설 · 60 / 칼국수와 두부 · 64 /
놀이터에서 · 72 / 아버지 · 78 / 큰어머니 · 85

2장
더불어 함께

o

더위 탓으로 돌릴 수도 있다 · 93 / 마음을 움직이려면 · 100 /
노트북 가방 · 106 / 시금치 · 108 / 아이에게 배우는 어른 · 113 /
북소리 · 118 / 말 · 123 / 목사님 · 128 /
세 사람이 함께 길을 가면 · 132 / 기억 · 138 / 때 · 144 / 순자, 경희 · 151

3장
오롯이

o

성긴 시간 · 159 / 우리 동네 · 162 /
거름 냄새와 함께 시작되는 봄 · 168 / 걷기의 힘 · 173 /
해가 지는 길 · 179 / 어우러져 아름다운 · 181 /
이기기 힘든 싸움 · 186 / 목련 · 192 / 피난처 · 195 /
길, 강 · 202 / 바다와 나 · 206 /
여름엔 걷는 것도 천천히 하라 · 211 / 진일보했는가? · 217 /
미래의과거, 현재 · 223

수필평

모성, 그 비국소성의 파랑 · 227

시인 이무권

1장

―

그리움

。

엄마의 밥상

 엄마 가신 지 20년이 넘었다. 가끔 엄마와 하루를 보내게 된다면 무엇을 할까? 하는 질문을 던져본다. 이런저런 생각을 해 보지만 늘 마지막은 엄마가 만들어 주는 엄마의 음식을 먹으며 엄마 얼굴을 실컷 보자는 것으로 귀결된다.

 지나고 보니 참 아깝다 하는 것이 있는데 엄마 가신 후 아끼시던 장항아리를 남들에게 모두 줘 버린 일이다. 엄마가 만들어 놓은 된장, 고추장이 가득 차 있던 윤이 날 정도로 닦고 닦으며 귀하게 여기셨던 그 항아리들을 이사하기 불편하다며, 굳이 필요하지 않다며 남에게 모두 준 일. 항아리도 항아리지만 다시는 맛보지 못할 장들이 가득 담겨 있었는데…….

엄마는 두 식구밖에 없는 살림임에도 매년 장을 담그고 장아찌들을 담그고 김장을 항아리 가득 채우셨다. 엄마 가시던 그 초여름. 살림을 정리하다 부엌 앞에 놓인 항아리를 하나 보게 되었다. 열어 보니 돌에 눌린 짚이 깔려 있고 짚을 헤집자 오이가 한가득 담겨 있었다. 오이지를 담가 놓으신 것이었다. 오이지 항아리 앞에서 기가 막힌 통곡을 했다. 이렇게 가실 거면서 뭐 하러 이런 것까지 하셨냐며 한참을 그러고 있었다. 오이지는 결국 누구도 주지 못하고 나도 먹지 못한 채 뭉그러질 때까지 있다 버려졌다. 엄마와 같이 하루를 보낸다면 왜 엄마가 만든 음식을 먹고 싶단 생각을 할까? 하는 생각을 해 본 적이 있다. 그 생각의 끝은 음식이 주는 위로의 힘이었다.

　위로…….
　삶을 감히 얘기해도 되나 싶다가도 위로가 주는 힘을 경험하고 있는 삶이기에 마음을 담은 토닥임이, 말이 아닌 눈빛이, 손길이 주는 따스함을 동반한 위로는 그 어느 것도 대신할 수 있는 것이 없음을 알게 된다.

　밖의 음식을 먹는 많은 이들이 그리워하는 것이 있다. 엄마가 해 주는 밥, 집밥이다. 김치 한 사발만 갖고 먹어도 든든하다는 집밥. 고향의 맛이 들어가건 들어가지 않건 그리 중요하지 않은 정성의 손맛이 들어간 그 밥. 만드는 이의 마음이 들어간 밥. 보이지 않는 마음을 어찌 알겠냐 하지만 보이지 않는다고 존재하지 않는 것이 아니란 것을 누구든 알고 있다. 보이지 않는 바람이지만 곁을 스침으로 알 수 있듯이 보이지 않는 마음조미료는 그 어느 것보다 강력한 마음을 전하는 양념이란 생각을 한다.

 엄마 손맛을 닮았는지 음식 하는 것을 좋아하고 음식 나누는 것을 좋아한다. 다행히 어울리는 이들도 젊은이들이 많았고 뭘 먹이면 무조건 좋아하는 그들에게, 음식 평가라고는 전혀 하지 않는 그저 먹는 것만 주면 감격하는 그들과 함께하며 날마다 새로운 음식을 만들어 내고 맛을 뛰어넘는 칭찬을 듣곤 하였다. 음식을 할 때의 즐거움, 함께 나눌 때의 기쁨, 받는 이를 행복하게 하는 이 행위를 하며 한 가지 더 알게 된 것이 있는데 그것은 주는 이가 누리게 되는 기쁨과 위로였다. 소찬에도 감격하는 젊은이들의 칭찬은 주는 이에게 위로가 되고 위로가 쌓이자 자꾸 더 만들게 되고 자꾸 더 위로를 받자 더 자꾸 만들게 되었다. 그러면서 우리 엄마도 아마 이러신 것이 아닐까 하는 생각을 하게 되었다. 먹을 때마다 입 안 가득 미어지게 욱여넣으며 맛있다 하는 자식의 소리를 들으며 엄마는 고단한 삶의 위로를 받으셨던 것은 아닐까? 아픈 상처의 치료를 받으신 건 아닐까?

　먹는 것은 인간의 기본 욕구이다. 그리고 그 기본에서 치유가 일어날 때만이 근원의 위로가 된다는 것은 분명한 사실이다. 입에서 나오는 말의 위로가 아닌 입으로 들어가는 것으로 인한 위로. 만든 이의 마음이 담긴 음식은 음식을 넘어선 고단한 일상을 위로하는 치료제이지 않을까? 그 마음을 받아먹으며 다시금 고단한 일상을 살아갈 힘을 얻는 이는 만든 이의 고단함을 위로하는 회복제일 것이다.

　가끔 꿈속에서 엄마가 해 주시는 맛난 밥상을 받을 때가 있다. 그리고 그 꿈을 꾼 후엔 반드시 몸이 많이 아팠다. 처음엔 엄마가 왜 이러실까 했지만 지금은 엄마가 밥상을 차려주시는 꿈을 꾸면 몸을 살피고 조심하게 된다. 엄마는 아마 가장 엄마다운 방법으로 남은 자식의 건강을 챙기는 것이란 생각이 든다.
　화려한 식재료가 아니어도 뭐! 고향의 맛이 들어간다 하더라도 정확한 요리법에 근거하지 않더라도 맛을 보고 또 보며 상을 차려내는 그 맘이라면 그것만큼 귀한 밥상이 어디 있을까? 귀한 밥상을 받아보고도 싶지만 30년 세월을 받아왔으니 이제는 차려내는 삶이 되어도 그리 섭섭하진 않을 듯하다.

손맛

　우리 엄마는 음식을 잘하셨다. 장도 맛있고 김치도 맛있었다. 오빠와 엄마의 장맛을 얘기하는데 맛있다고 하는 장을 사 먹지만 엄마 장맛이 나는 곳은 없다며 엄마의 맛을 얘기한 적이 있었다. 새언니의 엄마 맛에 길들여져 그런다는 말에 살짝 발끈해진 내가 언니는 맛이 없었냐고 물었더니 그런 말을 했음에도 맛있었다는 말을 할 정도로 엄마의 장은 맛이 있었다. 동네에 함께 살던 젊은 새댁들에게 엄마는 장을 가끔 나눠 주셨다. 새댁들은 몇 번을 먹어본 후엔 장을 좀 팔라고 할 정도로 동네에서도 우리 장맛은 맛있는 장이었다. 고추와 멸치를 간장 국물이 넉넉하게 해서 조림을 해 놓으면 내게는 그것이 밥

도둑이었다. 간장 조금과 고추장을 넣어 비벼 먹으면 다른 반찬이 필요 없는 한 끼가 되었다.

    교회 청년들이 자주 집에 와서 밥을 먹곤 했는데 어느 날인가 엄마는 냄비 한가득 총각무와 김치를 물에 울궈 막장을 넣고 멸치를 넣고 푹 익힌 것을 내 준적이 있었다. 엄마의 이 음식은 전날부터 준비를 하는 것이었다. 몇 시간이 아닌 하룻밤을 물을 갈며 우린 무와 김치에 멸치와 장을 넣고 또 한참을 끓여 무가 물렁해지면 그때야 먹는 것인데 이 반찬 하나가 주는 맛은 굉장했다. 밥에 물을 말아 젓가락 하나에 무를 꽂은 후 숟가락 가득 물에 만 밥을 먹고 무를 한 입 베어 물고 씹을 때 씹을 때마다 무르지 않은 물렁한 무가 쏟아내던 맛을 잊을 수가 없다. 푹 익은 김치는 길게 찢어 밥 위에 얹어 먹었는데 그 맛 또한 별미였다. 기억을 되살려 몇 번 해 봤는데 물에 담가 우리는 게 포인트인지 엄마가 해 주던 그 맛은 나질 않았다. 그날 우리 집에서 그 맛을 본 친구들도 몇 번이고 얘기를 했었다. 자기 엄마들에게 얘기를 해서 해 먹어 봤는데 그 맛이 안 나더라며 엄마 얘기가 나올 땐 늘 빠지지 않고 무와 김치를 막장에 지진 그 음식을 얘기했다.

    엄마의 비지찌개도 잊을 수가 없는데 엄마는 비지찌개에 두부를 으깨어 같이 끓이셨다. 익은 김치에 띄운 비지와 두부를 넣고 손으로 으깬 후에 멸치를 넣고 푹 끓여 주셨는데 뜨거운 밥에 비지찌개와 고추장을 넣어 자박하게 비벼진 밥을 먹으면 들어가는 순간부터 속은 뻥 뚫리는 시원함이 있었다. 얼마 전 두부전문점에서 나온 비지를 이렇게 먹는 나를 보며 사장님은 제대로 먹을 준 안다는 말을 하였다. 내 주변 어느 누구도 그렇게 먹는 이가 없는데 사장님은 그 맛을 알고 계신 것 같았다. 만약 엄마가 하나의 음식을 해 줄 수 있는 기회가 주어진다면 나는 늘, 무조건 비지찌개라고 말을 한다. 엄마가 담근 고추장에 엄마가 끓인 비지찌개를 한 번만 더 먹을 수 있다면…….

  엄마와 나는 미나리를 정말 좋아했다. 엄마는 미나리가 나오는 철이 되면 미나리 무침과 미나리 쌈을 해서 밥상에 올리셨다. 미나리를 살짝 삶아 상추처럼 넓게 펴서 그 위에 밥을 얹고 고추장을 발라 쌈으로 먹었는데 미나리를 손 위에 펼치는 그 순간부터 입 안엔 침이 고이기 시작했다. 미나리 무침은 그냥 먹기도 했지만 참기름과 고추장을 넣어 비벼 먹으면 씹힐 때마다 매콤함과 고소함이 미나리 향과 비벼져 먹는데도 먹고 싶단 생각이 들 정도였다. 지금도 식당에 가서 미나리가 나오면 미안함을 무릅쓰고 몇 번을 더 먹게 되는데 어디에서도 엄마의 맛은 찾질 못했다. 그리 대단한 식재료가 아님에도 그냥 무치는 것이 다인 재료임에도 만드는 이에 따라 어쩜 그렇게

다 다르게 만들어지는 것인지 신기하기도 하다.

 엄마는 명절이 돌아오거나 인사를 전해야 할 때 선물로 음식을 준비하곤 하였다. 잘 익은 김장 김치를 쫑쫑 썰어 망에 넣어 너무 무겁지도 가볍지도 않은 돌을 얹어 밤새 물이 은근히 빠진 김치에 숙주와 두부를 넣고 돼지고기를 넣어 만두를 빚으셨다. 더덕 껍질을 하나하나 벗긴 뒤에 그걸 또 두드려 펼친 후 양념장을 만들어 켜켜이 바른 더덕을 준비하고 녹두를 갈아 숙주와 김치, 고사리, 고기를 넣어 녹두전을 만들어 반죽을 선물을 드리는데 받는 이의 고마움이 전해지는 인사를 받곤 했다.

 낚시를 좋아하는 오빠가 물고기를 가득 잡아 오면 교회에 어른들이 모이기 시작했다. 엄마는 오빠가 잡아 온 물고기로 매운탕을 끓이셨는데 엄마는 고추씨를 망에 넣어 고춧가루만의 텁텁함이 아닌 씨의 칼칼함이 더해진 매운탕을 만드셨다. 어른들은 가마솥 가득인 매운탕을 땀을 흘리며 드시곤 했다,
 시래기를 된장에 빡빡 치대어 국물을 자박하게 지져낸 시래기 지짐은 아무리 먹어도 질리질 않고 두부 가득인 된장찌개도 더운밥에 살살 비벼 먹으면 다 살이 되는 듯 속이 편했다. 집에 들어갔을 때 김치를 담그는 날이면 고춧가루의 날내가

났다. 나는 이 냄새가 너무 좋아 매운 줄 모르고 김치를 먹던 기억이 난다.

  20대 초반으로 기억이 되는데 엄마와 갈등을 겪은 적이 있었다. 엄마도 나도 꺾일 생각이 전혀 없는 갈등이 계속되자 나는 결단을 해야 한단 생각을 하게 되었다. 마음의 결정은 이미 끝났고 행동으로 옮기기만 하면 될 때 며칠간 집을 비울 일이 생겼다. 다시 돌아와서 생각하고 결심한 것을 행동으로 옮기자 하고 집으로 돌아왔을 땐 나름 예상한 시나리오를 몇 개 정하고 대처 방안까지 마련한 이후였다. 단단히 각오를 하며 집에 들어섰는데 예상 시나리오에서는 전혀 생각하지 못한 상황이 펼쳐져 있었다. 1층 현관부터 잔칫집처럼 음식 냄새가 났는데 그 잔칫집이 다른 집이 아닌 우리 집이었다.

  엄마는 며칠간 나가 있던, 한동안 갈등으로 불편했던 딸이 오는 날을 기다리며 음식을 준비한 것이었다. 들어가자마자 얼른 씻고 밥 먹으라는 말로 그간의 갈등 상황은 종료되었고 밖에서 제대로 먹었겠냐는 한마디로 며칠간 준비하던 내 시나리오를 무화시켜버렸다. 그때 상에 뭐가 올라왔는지는 전혀 생각이 나질 않는다. 그러나 그날 밥을 먹고 기분 좋게 한 잠자고 난 뒤 엄마와 이런저런 며칠간의 얘기를 나눈 것은 기억이 난다.

아이들을 가르치는 일을 하게 되니 집에는 늘 늦게 오기 마련이었다. 집에 오면 허기가 지고 허겁지겁 밥을 먹곤 하였는데 엄마는 늘 반찬을 만들어 그 위에 깨를 뿌린 후 내가 오기 전까진 냉장고에 넣지도 않고 작은 소반 위에 놓아 시원한 곳에 올려 두었다 내가 그것을 먹은 후에야 냉장고에 넣곤 하셨다. 냉장고에 들어가면 맛이 떨어진다며 그리하신 것인데 그 덕에 나는 매일 살에 살이 더해가는 복을 얻게 되었다.

엄마가 많이 아프던 날에 엄마를 위한 죽을 처음 만들어 봤다. 드시고픈 것을 말하라던 내게 엄마는 시금치에 소고기를 넣고 된장을 풀어 끓인 죽이 생각이 난다 하시길래 만들어 봤다. 나중에 여러 사람에게 이 죽을 얘기해 봤는데 아무도 알질 못했다. 지금 생각해보면 나와 같은 추억의 음식이 엄마에게도 있었을 텐데 미처 거기까진 생각이 미치지 못하고 엄마를 떠나 보낸 듯하다. 내가 엄마의 음식이 엄마의 추억이고 엄마만의 요리법으로 기억하는 것처럼 우리 엄마도 엄마의 엄마가 만들어주신 음식이 있으셨을 텐데 한 번도 생각을 하지 못했다. 엄마가 아프던 때 딸이 만들어준 시금치죽은 과연 엄마의 입과 마음을 만져줄 수 있었을까?

얼마 전 소금에 절여진 오이지를 사다 쫑쫑 썰어 무쳐본 적이 있었다. 오이지를 먹어본 설이 엄마는 어릴 적 엄마가 해 주시던 맛과 같다는 얘기를 하며 맛있게 먹었단 얘기를 했다. 음식이 주는 힘은 아주 강하고 또 부드럽다. 음식을 해 준 이의 손맛과 마음이 담겨 있기 때문일 것이다. 이 세상을 마음을 이길 것이 존재할 수 있는지. 마음만큼 강한 힘을 발휘할 수 있는 것이 존재할지.

 한 번도 보지 못한 엄마의 엄마인 외할머니의 손맛이 우리 엄마를 키운 것처럼 우리 엄마의 손맛으로 내가 자라고 어른이 되었다. 나는 나의 손맛을 전해 줄 아이가 없었는데 아무 공로 없이 어느 날 '설'이라는 이름의 아가를 만났고 여덟 살이 된 설이에게 주말엔 손맛을 보여주고 있다. 얼마 전 설이는 내게 아무것도 하지 말고 저쪽으로 가 있으라며 김과 참치를 넣은 주먹밥과 커피를 타다 주었다. 동그랗게 만드느라 얼마나 조물거렸는지 밥알은 이겨져 있었고 커피는 한강이 되었지만 가장 맛있는 주먹밥과 커피였다. 아이의 조그만 손에 아이의 마음이 담긴 것을 알기 때문이었다.

 엄마의 엄마가 엄마에게.
 엄마가 내게
 내가, 설이엄마가 설이에게 해 주는 음식들 안에 숨겨진 힘은 우리 엄마가 모진 세월을 견딘 근원이 되었고 내게 살아갈 버팀목이 되어왔으며 설이에게 세상으로 나가는 강력한 에너지가 되리란 것을 믿어 의심치 않는다.

복민교육원

 여름과 겨울 매년 돌아오는 두 번의 휴가를 조용한 곳을 찾아다닌 몇 년간의 시간이 있었다. 바다를 앞에 둔 고성의 수녀원. 소박한 화천 사창리의 성빈 수녀원. 고요한 제천의 봉쇄 수녀원. 천주교인도 아니면서 조용한 곳을 찾다보니 수녀원으로만 다니게 되었다.

 어느 해 겨울, 치악산 아래 성남에 있는 영성 수련원에 가게 되었다. 부원장님의 안내를 받았는데 이곳은 상주하는 이가 없다며 혼자 있을 수 있겠냐고 몇 번이고 물었다. 깊은 산속에 혼자 밤을 보낼 것에 걱정이 된 모양이었다. 호기롭게 괜찮다

하긴 했는데 일찍 해가 떨어진 산속은 생각보다 어둠이 빠르고 깊었다. 눈 쌓인 산속에 그것도 밤에 누가 오겠냐 하면서도 혹시나 하는 마음에 불도 켜지 못한 채 밤을 보내는데 산속의 겨울밤은 고요한 만큼 알 수 없는 소리도 가득했다.

날이 밝자 어젯밤의 무서움은 간 데 없고 하얀 눈이 빛이 된 눈부신 아침을 맞게 되었다. 그리고 그날 부원장님과 이런저런 얘기를 나누다 공석이던 그 곳의 간사로 일하게 되었다.

매일 아침 신림을 지나 성남으로 그리고 산속으로 한참 올라가야 하는 곳에 있던 교육원으로 출근을 했다. 눈이 많이 온 날 방문객이 있어 식사를 준비해야 할 때면 차로 가도 가파른 길을 몇 번이고 눈길을 걸어 짐을 날라야 했다. 잠깐의 후회를 하며 보낸 겨울은 생각보다 길지 않았다. 봄이 되자 교육원 주위는 고요하나 생기가 가득한 곳으로 변해가기 시작했다. 얼어 있던 계곡의 물이 흐르는 소리가 들리더니 겨울을 견딘 초록의 공간에 연둣빛이 들어오기 시작했다. 꽃들이 피어나고 알지는 못하지만 나물처럼 생긴 풀들이 자라나기 시작했다.

한 번은 계곡 아래 나무에 순이 달렸는데 말로만 듣던 다래순으로 짐작됐다. 확인해 보고 싶던 차에 매일 교육원에 오시는 집배원 아저씨의 오토바이 소리가 들리길래 마중을 나가게 되었다. 아저씨에게 순을 보여주며 다래순이냐 물었더니 다래순이 맞다고 분명히 말씀하셨다. 삶아서 먹고 좀 말리고 했는데 얼마 뒤 식사를 준비하러 오신 동네 아주머니가 그 순을 보더니 다래순이 아니라고 하셨다. 순을 딴 나무를 보여주며 다래가 맞다고 했다 하니 다래 덩굴이 아니라며 그냥 보통 나뭇잎을 먹은 거라 하시는 거다. 아무 탈 없이 맛있게 먹었으니 괜찮다 하였지만 다음부턴 독초도 있으니 아무거나 먹지 말라는 말에 연둣빛의 순만 보면 입맛이 다셔지던 자유를 버리게 되었다.

봄꽃은 압화로 만들어 오시는 분들에게 드리는 카드로 만들었는데 받는 이들의 표정에서 봄꽃의 소박함이 전달되는 기쁨을 맛보았다. 교육원 앞뜰에 놓인 나무 등걸은 식탁으로 꾸며 나물 하나로도 근사한 식탁을 마련했다. 산속의 단 바람과 청량한 물소리, 따뜻한 햇살과 함께 먹는 밥은 밥이 아니라 자연이었다. 차를 마시며 보게 되는 하늘과 산새들의 지저귐. 계곡 물소리는 더 이상 바랄 것이 없는 충만의 시간이었다.

 모자를 눌러쓰고 밖의 일이라도 할라치면 흐르는 땀방울이 오히려 시원했고 사무실에서 일을 하다 잠깐 바람을 쐬는 시간이면 족함으로 가득 채워졌다. 이곳은 고요함과 평안함이 무엇인지를 알려주었다. 매일 보면 매일 달라지는 것이 자연이었다. 멀리서 본 자연은 변함이 없이 늘 거기에 있었는데 가까이에서 보게 된 자연은 매일이 달랐다. 특히 봄의 자연은 속도를 따르지 못할 정도로 변하고 있었다. 나무의 색이 달라지고 숨을 틔운 식물들이 자라는 모습은 눈에 보일 정도였다. 꽃들이 매일 피어나고 교육원 올라오는 초입에 있던 두릅은 커가는 모습을 지켜보는 재미가 있었다. 매일 자라나는 두릅이 누군가의 손에 의해 멈추게 된 날까지 출근과 퇴근길에 만나는 반가운 동무였다. 땅은 바쁘게 움직이며 깨우고 자라게 하고 물과 바람과 햇빛은 부지런히 나르고 부어주고 어미가 새끼를 품듯 품어주고 있었다. 고요한 듯 보이나 그 안에선 무서운 속도로 자기 변화를 이루는 게 자연이었다. 내가 본 가장 바쁜 자연 덕에 나는 고요하고 평안하게 숨을 쉬는 시간을 보내게 되었다.

이곳에 근무하던 기간 동안 나는 사람을 쉬게 하는 것이 무엇일까에 대한 생각을 많이 했다. 그리고 이다음 그런 공간을 만들어 누구나 쉬어갈 수 있게 해야겠단 꿈을 꾸게 되었다.

도시락을 싸서 부원장님과 계곡으로 소풍을 다녀오던 길에 만난 한 분은 뒤에서 본 우리의 모습이 정말 평안해 보이더란 얘기를 해 주었다. 느릿느릿 걸으며 얘기를 나누고 길 가에 핀 꽃을 보고 꽃을 보다 하늘도 보고 그런 모습이 산속에 있다는 이유로 그렇게 보인 듯했다. 가끔씩 길을 가다 보면 저만치에서 쓱 지나가기도 하고 퇴근을 하려고 아무 생각 없이 문을 열었는데 똬리를 틀고 있는 뱀을 보자면 자지러지기도 했지만 산에서의 시간은 아름다웠다.

 어머니가 떠나고 혼자 남겨지자 마음을, 시간을 견디는 방법을 찾아야 했다. 그래서 찾은 것이 일이었다. 평일이나 휴일의 차이를 두지 않고 일을 했다. 차로 이동하는 중간에 김밥이나 빵으로 끼니를 해결하고 수업 들어가기 전에 피로회복제를 마시며 하루하루를 견뎌내게 되었다. 바쁨은 슬픔과 아픔을 잠시 잊게는 하였으나 낫게 하는 것은 아니었는지 그렇게 지내는 동안 건강을 잃게 되었다.

 수업을 줄이기 시작했다. 누워서 지내는 날들이 많아지고 살아간다는 것도 그저 부담스럽기만 했다. 병원에선 스트레스를 줄이라고 하고 한의원에선 보약도 감당 못 할 몸이라며 그것 먼저 회복을 하라 했다. 이즈음에 여름이나 겨울 쉬는 때 조용히 혼자만의 수도원을 찾기 시작했다. 집에서도 혼자였지만 떠난 공간에서의 홀로됨이 주는 평안이 있었다. 어느 해엔 봉쇄수녀원에 갔었는데 2박 3일 내내 잠만 자다 온 적도 있었다. 그런 시간을 보내다 방문한 곳이 복민교육원이었다.

 사람이 주는 불편함이 없는 것은 아니었지만 그보다 더 깊이 나를 만진 건 그때 나와 함께 하던 교육원 주위의 자연이었다. 들리는 소리라곤 계곡물 소리와 새소리 그리고 나무를 스치는 바람소리가 다였다. 혼자 근무하는 날이 많았는데 하루에 한 번 올라오는 집배원 아저씨의 오토바이 소리가 들릴 때면 현관으로 나가 하루에 한 번 사람의 얼굴을 마주 대했다. 비가 오는 날이면 오전 내내 하던 일 미루고 비 구경을 하고 눈이 오는 날엔 눈 구경을 했다. 건물 옆에 허브를 심었는데 허브 잎을 따 하얀 잔에 넣으면 조금씩 연둣빛의 물로 변했다. 이곳에서는 이것조차 탄성을 내게 하는 희한한 곳이었다.

  오랜 기간 함께 할 순 없었지만 치악산의 품속에 있던 교육원에서의 시간은 지친 마음이, 몸이 쉼을 얻는 시간이었다. 내가 무엇을 하지 않아도 무언가를 이룬 것은 이곳에서의 시간이 처음이었다. 바람이 나를 지나기에 지나가도록 물소리, 새소리가 들리기에 들리는 대로 나뭇잎에 빗방울이 떨어지기에 떨어지는 것을 본 것밖에 한 일이 없었다. 그렇게 뭘 하지 않은 그 시간에 나를 품에 안은 자연은 열심히 나를 만지는 일을 하고 있었다.

  지금도 나는 시원한 바람이 불 때면 뜰 앞에 앉아 바람을 맞던 때가 생각나고 비가 오는 날 창을 통해 비를 볼 때면 창가에서 비를 보던 그때를 생각한다. 청년의 때를 지나 중년의 시간을 지나고 있음에도 그때의 나와 지금의 내가 함께하는 듯한

착각이 들 만큼 아름답고 평안한 시절로 돌아가게 되는데 그러면서 공간이 다르고 시간이 다름에도 함께라 여겨지는 것은 마음이 이어져 왔기에 가능하단 생각을 한다.

 바람으로, 소리로, 향기로, 색으로 동행하고 있는 자연의 따스함이 결국은 사람을 살리고 있는 것은 아닌지……. 엄마와 함께 맞던 바람이 돌고 돌아 다시 나를 스치는 날 나는 엄마를 느끼고 엄마의 향기를 맡고 엄마와 함께 하리란 것을 의심치 않는다.

나는 엄마와 둘이 살았다

 아버지는 일찍 돌아가시고 장성한 오빠들은 이미 독립을 한 이후라 나는 엄마와 둘이 살았다. 일을 해야 하는 엄마는 늘 바쁘고 낮에 집에 계신 날이 거의 없었다. 동네 애들과 싸우고 들어와도 위로를 해 주며 대신 싸워주는 이도 없었고 상한 마음을 만져주는 이도 없었다. 동네에서 나는 놀 때는 함께였지만 싸울 때는 늘 혼자였다. 다른 애들은 다들 형제자매가 한편이 되어 놀든 싸우든 함께였는데 나는 놀 때만 함께였다. 집에 들어와도 밖에 나가도 혼자인 날이 많았다. 엄마는 내가 잘 때 들어오시는 날이 많았는데 아침에 일어나면 머리맡엔 전날 숙제 노트와 필통에 가지런히 깎여진 연필이 놓여 있었다.

엄마가 늦게 오는 날이면 나는 그날이 춥건 덥건 온 집안의 불을 켜고 문을 활짝 열어두었다. 이웃집 아주머니가 집에 와서 기다리라고 해도 말을 듣지 않고 불을 켜고 문을 열어 둔 채로 이불을 덮은 채 엄마를 기다리고 기다리다 잠이 들었다. 이웃집에 가지도 않을뿐더러 아주머니들이 챙겨주시는 밥도 먹지 않고 그랬으니 어린 여자아이의 이런 모습이 어른들 눈에는 곱지 않게 보였을 것이고 엄마에게도 버거움이었을 것이다. 이런 내게 엄마는 타이르기도 하고 혼내기도 하며 행동을 고치길 원하셨지만 한 고집하는 나를 꺾지 못하자 동네의 구멍가게에 돈을 맡기고 언제든 먹고 싶은 것을 먹으라며 포기 아닌 포기를 하셨다.

이불 속에서 대문 쪽으로 얼굴을 돌린 채 이제나저제나 엄마를 기다릴 땐 조금 무섭기도 하고 슬프기도 하고 엄마가 보고프기도 했다. 골목에서 들리는 발자국 소리에도 귀를 세우고 비가 오거나 바람이 부는 날이면 귀의 청력은 더 날카롭게 곤두섰다. 기억에 엄마는 나의 바람대로 원하는 시간에 오신 적이 거의 없었다. 저녁을 어찌 먹었는지 저녁을 먹기나 한 것인지는 기억이 나질 않고 숙제를 펴 놓고 자고 있는 나를 깨운 후 한바탕 혼을 내고 숙제를 하게 한 후 재운 것만 기억이 난다.

학교에서 돌아오면 아이들은 골목으로 모여들었다. 딱지치기도 하고 사방치기도 하고 많은 공기놀이도 하고 원주천에 나가 돌을 깔고 집을 만들어 소꿉놀이도 했다. 그러다 보면 이 집 저 집에서 음식 냄새가 나기 시작하는데 된장찌개 냄새가 나고 생선 굽는 냄새도 나지만 그중 김치찌개 냄새는 냄새만으로도 입맛을 다시게 하는 냄새였다. 함께 놀던 애들이 하나 둘 집으로 가면 나도 집으로 들어오지만 우리 집엔 골목에서 맡던 냄새가 나질 않았다. 내가 그때 뭘 저녁으로 먹었는지 먹기는 했는지 기억에 없지만 음식 솜씨 좋았던 엄마가 뭔가를 해 놓긴 하셨을 거란 생각이 들긴 한다.

엄마와 둘이 살던 나는 딸인 나의 모습만 늘 기억하고 외로웠던 시간들을 추억하곤 했다. 혼자인 시간에 들었던 외로움과 무서움이 어릴 적 나의 시간의 대부분을 채웠는데 나이가 들어서인지 아니면 엄마가 한 사람으로 보이기 시작해서인지 '나'의 그 시간이 엄마에게도 외롭고 무서운 시간이진 않았을까 하는 생각을 하게 되었다. 집에 남겨진 딸을 생각하면 가슴이 저몄을 것이고 빡빡한 삶을 생각하면 서러움에 눈물이 나고 힘에 부쳐 몇 번이고 이 땅에서의 삶을 멈추고 싶었을지도 모르겠다. 자라면서 나는 우리 엄마의 눈물을 본 기억이 없다. 어떤 상황에서도 엄마는 한숨을 쉬는 모습을 보여주긴 했지만 눈물은 보여주지 않았다. 내 지금 나이가 엄마의 그때 나이가 되니 이제야 엄마도 눈물을 흘리는 날이 있었겠구나 싶지만 그때의 나는 엄마는 늘 강한 줄만 알았었다. 늘 무섭고 강했던 엄마를 보며 나도 누구에게도 눈물을 보여주지 않으며 성장했다. 친한 친구 중 한 명이 어느 날 눈물 흘리는 걸 한 번도 본 적이 없다며 감정이 없냐는 말도 할 정도로 눈물은 내겐 약한 모습으로 비치는 상징이었다. 학교를 졸업하고 엄마를 모시는 시간이 되자 엄마는 약한 모습을 가끔 보이셨다.

  어느 날인가 밖에서 일을 하다 병원에 실려 간 적이 있었다. 깨어 보니 엄마의 모습이 보였다. 엄마는 나보다 더 초주검이 된 모습으로 내가 깨어나기만을 기다리고 계셨다. 나는 지금도 눈을 뜨자 보였던 엄마의 모습이 선명하게 그려진다. 내가 지금껏 봤던 모습 중 가장 약한, 몸을 지탱하던 모든 기운이 땅으로 꺼진 듯한 파리한 노인의 모습이었다. 그리고 그날 엄마의 눈물을 봤다. 엄마는 무서웠다고 했다. 그리고 얼마 뒤 엄마는 똑같은 모습으로 병원에 계셨다. 아침에 날씨가 쌀쌀하니 겉옷 챙겨 입고 나가라던 모습을 마지막으로 엄마는 병원에 계셨고 12일 뒤 엄마와 둘이 살던 나만 남긴 채 떠나셨다.

  엄마와 함께한 시간보다 혼자 남겨진 삶을 살아온 시간이 더 길어질 만큼 시간이 흘렀다. 가끔 꿈에 엄마는 집에서 나를 기다리던 엄마로 찾아오신다. 어릴 적 혼자 남겨지게 했던 엄마가 아닌 내가 밖에서 일을 하고 돌아오면 동네 아주머니들과 얘기를 나누다가도 나를 따라오며 준비한 저녁을 챙겨주고 밥을 먹는 내 곁에서 하루 일을 얘기하는 그 엄마이다. 꿈에서 만날 땐 꿈인지 생시인지 구분이 안 갈 정도로 행복한데 깨어나면 그리움과 보고픔에 한참 마음고생을 하기도 한다.

  가끔 유일한 가족이었던 엄마와 살던 때를 떠 올릴 때가 있다. 그리고 가족과 함께 살면 어떨까 하는 생각도 한다. 그런데 그 가족은 늘 '엄마'이어야 한다는 결론을 낸다. 저녁 해거름이 질 무렵 집으로 돌아올 때 슬픔이 몰려올 때가 있다. 집으로 바로 돌아올 수 없을 만큼 깊은 외로움이 생기는데 그때는 밖에서 어두워질 때까지 기다렸다 집으로 돌아오게 된다. 그런 날 나는 엄마와 둘이 살던 그때를 떠 올리고 엄마가 기다려 주던 그 시간을 생각하고 집으로 돌아가면 우리 엄마가 기다리고 계시면 좋겠단 생각을 한다. 그리고 조금 울고 나면 다시 현재의 나로 돌아온다.

  얼마 전 『나의 마지막 엄마』라는 소설을 읽은 적이 있다. 가공의 '고향', '엄마'를 만들어 고향과 엄마가 그리운 이들에게 서비스를 제공하는 내용의 글이었는데 읽어가며 어느새 글 속으로 들어가는 나를 보게 되었다. 주인공이 엄마를 만나고 고향을 찾아가 하는 일이라곤 엄마의 밥을 먹고 소소한 마을 얘기를 마을 사람들의 얘기를 들으며 하룻밤 자고 오는 것이 다인 그런 얘기였다. 그러나 그 하룻밤으로 그들은 만들어진 고향, 엄마였으나 팽팽하게 당겨져 있던 삶이 느슨하게 풀어지는 경험을 한다. 그리고 쉼을 얻는다. 엄마와 둘이서만 살던 내게도 엄마는 '고향'이었고 삶의 '근원'이었다. 일을 끝내고 엄마의 이런저런 하루 얘기를 들으며 저녁 식사를 하는 시간이 내겐 쉼의 시간이었다. 따뜻한 밥상의 온기는 내 전체를 포근하게 감싸주는 엄마의 양수였다.

어릴 적 눈이 쌓인 원주천 변을 걸은 적이 있다. 평원동 고모네서 태장동 우리 집으로 돌아가는 길이었는데 엄마와 나는 아무도 밟지 않은 눈이 쌓인 길을 따라 걸어갔다. 걷는 걸음마다 하얀 눈 위에 발자국이 생기고 달빛에 받아 반짝이는 환한 길을 엄마는 내 손을 꼭 쥐고 걸어가고 있었다. 눈 내린 추운 겨울밤이었지만 엄마 손을 잡고 눈길 위를 걷던 그 밤처럼 따스한 밤은 경험하지 못했다. 세상을 온몸으로 맞던 엄마의 그 밤은 겨울의 매서운 밤이었을 테지만 엄마 뒤에서 엄마의 손을 잡고 있던 내겐 따뜻했던 밤이었다. 겨울밤의 엄마 손은 영원한 엄마 딸인 나에게는 쉼이었고, 평안이었고, 살아갈 힘이었다. 나는 그것을 엄마가 떠난 한참 후에야 알게 되었다. 젊어서는 그리움이 다인 것 같았는데 조금씩 세월이 가니 그리움에 공허함과 서늘함이 보태지고 있다. 그리고 그 어떤 것도 이것을 대신하지 못한다는 것을 알아가고 있다.

　엄마와 둘이서 산 날보다 혼자 산 날들이 더 길어질 시간을 얼마 남지 않게 남겨둔 시절을 보내면서도 새벽에 깨어났을 때의 서늘함을 여전히 버리지 못하고 있다. 아마 내가 엄마 곁으로 가는 그날까지 새벽의 서늘함을 여전하리라 여겨지는데 가끔 오는 이 시간이 참 불편하고 쉽지 않은 시간이 된다. 엄마와 둘이 살며 둘이 나눴던 시간의 크기는 줄어들 줄 알았는데 갈수록 늘어나는 것을 경험하게 된다. 듣지 않던 고향에 관한 유행가를 듣고 책을 찾아 읽는다. 나이를 들어가니 이렇듯 변해가기도 하고 영원한 고향으로 돌아갈 날이 가까워져 오니 고향이 그리울 수도 있지 않을까 하는 생각도 든다. 나는 지금 돌아갈 영원한 본향을 지금 이 세상에서 기다리며 그리워하고 있는 것이다. 나의 엄마가, 나의 오빠가 그리고 나보다 먼저 가지 말았어야 할 나의 조카가 먼저 도착해 있는 그곳. 그곳에서도 나는 엄마와 둘이서 살게 될지 알 수 없으나 헤어짐이 없는 그곳에서 살아갈 날이란 생각에 이곳과의 이별과 또 다른 곳의 삶이 기다려지기도 한다.

비름나물

기억에 남아 있는 걸 보니 어느 정도 대화를 나눌 수 있는 나이였던 것 같다. 흥업 큰집 부근이었는지 어릴 적 살던 태장동이었는지 확실한 기억은 없다. 엄마와 사람이 떠난 집이 있던 동네를 돌아보고 있었다. 어느 한 집에 들어서자 사람이 떠난 지 얼마 되지 않은 집인 듯 온기가 느껴졌다. 남겨진 살림살이가, 깨진 항아리가 남아 있는 장독대를 구경하다 뒤엉킨 채 자라난 풀을 보았다.

엄마는 풀이름을 비름나물이라고 하셨다. 그리고 비름나물은 희한하게 사람을 따라다니는 나물이라고 하시며 빈집에 사람이 살기 시작하면 비름나물도 어느새 그 집 마당 한쪽을 차지하고 그들이 그곳을 떠나면 비름도 또 어느새 사라져 버리다는 얘기를 들려주셨다. 얼마나 근거가 있는지 알 수 없으나, 설마 하는 마음이 훨씬 강하게 드는 이야기이긴 하나 사람이 떠난 집 한쪽에 터를 잡았던 비름나물 앞에서 엄마가 들려주신 이야기는 거의 50년 가까이 지난 이야기임에도 아직도 기억이 생생한 그때 그 마당 한쪽 장독대를, 엄마를 생각나게 한다.

 몇 년 전 평창 깊은 산골에서 가져온 비름나물을 선물로 받은 적이 있었다. 엄마가 돌아가시기 전 비름은 그냥 나물 중 하나였는데 엄마와의 이야기가 생긴 나물은 엄마가 돌아가신 이후엔 추억이고 그리움이었다. 그래서인지 식당에서 비름이 나오면 사실 큰 맛을 느끼지 못하면서도 무조건 반갑고 맛있는 그리고 함께 한 이들에게 이야기를 들려주는 이야깃거리가 되어왔다. 그 비름나물을 저 깊은 청정 깊은 산골에 사는 이가 선물로 가져온 것이었다.
 고추장을 넣어 빨갛게 무치고 간장과 소금을 넣고 무쳐 몇 끼를 먹었다.
 어제 동료와 점심을 먹으러 갔는데 나물이 반찬으로 나오기 힘든 메뉴임에도 반찬으로 나물이 나왔다. 그리고 그 나물은 비름이었다. 여전히 큰 감흥을 느낄 수 없는 비름나물을 먹으며 또 한 번 어릴 적 엄마를 떠 올렸다. 여전히 믿기지는 않으나 믿고 싶은 엄마의 얘기도 생각했다. 나이 탓인지, 갱년기라 그런지 요즘 자꾸 추억이 전혀 없는 고향을, 보고 싶은 엄마를 그리워하게 된다. 식당에서 나온 나물 하나가 나를 추억 속으로 흠뻑 빠지게 한 것이다.

 나중에라도 꼭 하고 싶은 것 중 하나가 있는데 사람들의 삶에 녹아있는 음식에 대한 이야기를 들어보고 남기고 싶은 것이다. 어릴 적부터 먹어온 음식, 지치고 힘든 날 먹다 보면 기운이 솟는 음식, 만든 이의 마음이 담긴 음식에 관한 이야기를 남기고 싶다. 가끔 엄마 생각을 할 때 엄마 냄새를 떠 올리는데 그때 스치는 것은 엄마가 만들어 준 음식 냄새이다.
 엄마가 내게 오셔서 하루를 보낼 기회가 생긴다면 엄마와 어딜 가거나 무얼 사거나 그런 것이 아닌 하루 종일 엄마 곁에서 엄마가 해 주는 음식을 먹고 엄마 얼굴을 보며 이런저런 얘기를 나누고 싶은 마음이다. 사람들 흉도 좀 보고 예쁜 우리 설이 얘기도 나누고 엄마는 그곳에서 뭐하고 지내셨는지 얘기도 듣고 그러는 사이사이 먹고 뒹굴기도 하고 엄마 얼굴도 만져 보고 그러다 엄마 다시 보내 드리고 하루의 시간이 준 힘으로 다시 살아가고……. 엄마에게 물어봤을 엄마 음식 만드는 법을 사용해 그리울 적마다 만들어 먹다 엄마를 만날 날이 오면 훌쩍 그 나라로 건너가면 그만이고.

  나물 하나에 무슨 얘기가 그리 많은지 비름나물뿐 아니라 시래기를 보면 시래기를 해 주던 엄마 얘기를 하고 미나리가 올라오면 미나리를 좋아하던 엄마 얘기를 한다. 비름을, 시래기를, 미나리를 얘기하는 것 같지만 하다 보면, 듣다 보면 결국은 엄마 얘기인데 누군가의 얘기 속에 나오는 물건이나 음식이나 장소나 듣다 보면 결국은 사람이 가운데 있다는 것을 알게 된다. 결국 기억 속의 사람을 얘기하게 되는 것이다. 비름나물이 사람을 따라다니는 것처럼 사람도 사람을 따라 다닌다. 얼기설기 자라나는 나물처럼 사람과 사람도 얼기설기 엮이며 살아간다.

막대기 하나

　얼마 전 텃밭에서 언뜻 뱀으로 여겨지는 생명체를 본 이후로 밭에 나가기가 쉽질 않았다. 고추며 오이, 가지가 가지를 늘어질 때만 겨우 나가 얼른 일을 보고 들어왔다. 오늘 아침에도 머뭇거리다 비가 온다는 좋은 핑계를 대며 나가질 않던 밭에 나가 보았다. 뒷집 사모님이 오이가 너무 커져 땄단 얘기를 하시는데 밭을 돌보지 않는 모습을 돌려 말씀하시는 것 같아 마음이 편치 않던 차에 너무 많이 달려 있을 고추도 신경이 쓰이길래 나가 보았다. 밭으로 들어가기 전 작은 막대기 하나를 집어 들게 되었는데 며칠 전 목사님께 뱀 얘기를 하자 혹시 보게 되면 막대기로 쫓으라 하시던 말이 생각나길래 밭에 들어가기 전 막대기를 하나 집어 들게 된 것이었다. 한 손에는 열매 담을 비닐봉지를 다른 한 손엔 고춧대를 막대기 삼아 우거져 있는 텃밭으로 나갔다. 중간중간 열쇠를 흔들며 쇳소리를 내고 입으로는 내가 밭에 있다는 표시로 소리를 내며 고추와 가지, 토마토를 따고 밭을 나왔는데 나와 보니 팔과 다리가 얼마나 가렵던지……. 짧은 그 시간 동안 모기가 제대로 회식을 한 것 같았다.

  제법 큰 봉지에 가득 담긴 열매들을 들고 오며 막대기 하나 들었다고 마음이 편했던 오늘 아침을 생각했다. 막대기 하나가 뭐라고 이리저리 휘적거리며 전보다 더 자라 더 깊은 밀림이 된 밭을 그리 용감히 다녔다니 한 번 해본 경험의 힘인지 막대기의 힘인지 알 수 없으나 지난번보다 편하게 수확물을 거둔 건 분명한 사실이었다.

  지금의 내 나이보다 더 젊었던 엄마는 딸 하나를 데리고 무작정 원주로 내려오셨다. 오라 하는 곳도 가야 할 곳도 없는 곳에서 시작된 삶은 엄마도 고됐지만 나도 고된 시간이었다. 한 번은 영령개 고모 댁으로 또 한 번은 흥업 큰집에 맡겨졌는데 기억이 뚜렷하진 않지만 살기 힘든 그 시절에 환영받을 리 없는 아이였던 건 분명하다. 서러움이 무엇인지를 그때 나는 알았다.

  어느 날 방을 구한 엄마가 나를 데리러 왔다. 나는 더 이상 고모 댁에도, 큰집에도 갈 필요가 없었다. 늘 일을 하던 엄마가 어느 날엔가 늦게까지 집에 오질 않으셨다. 옆집 아주머니가 불러도 가지 않고 집에 머물던 나는 온 집에 불을 다 켜고 문을 다 열어 둔 채 이불 속에서 엄마를 기다렸던 기억이 있다. 그날 나를 덮은 이불이 내겐 막대기였다. 무섭고 추운 시간을 버티게 해 준 버팀목이었다.

엄마와 겨울 늦은 밤 원주천 둔치를 따라 집으로 오던 길은 아무도 밟지 않은 눈길이었다. 아름다웠지만 무서웠던 그 길을 엄마는 내 손을 꼭 잡고 걸음을 옮기셨다. 아름답고 무섭고 그러나 포근한 길이었다. 나중에 어른이 되고 나서 나는 어른도 무서움이 있다는 걸 알았다.

지금의 내 나이보다 어렸을 엄마는 어린 딸을 데리고 살아가야 하는 현실이 얼마나 무서웠을까? 뱀이 주는 두려움보다 서러움이 주는 두려움보다 살아가야 하는, 어린 딸과 살아내야 하는 삶의 빡빡함이 엄마는 얼마나 두려웠을까? 하는 생각을 지금의 내가 엄마의 나이를 넘어서자 하게 되었다. 동시에 막대기 하나 들었다고 텃밭에 들어가기가 든든했던 것처럼 어린 딸이 뭐라고 엄마도 걱정과 동시에 든든함도 느끼지 않았을까 하는 생각도 해 보게 되었다. 추운 겨울날 아무도 걸어가지 않은 뚝방 아래 눈이 가득 쌓인 둔치를 걸으며 딸의 손을 잡고 걸을 때 어린 것의 온기가 엄마에게도 전해진 것은 아닐까?
   그날 밤 엄마에게 나는 막대기였을 거란 생각이 든다. 그리고 그 밤의 막대기였던 작은 아이는 자라며 더 깊이 기댈 수 있는 단단한 막대기가 되지 않았을까 하는 생각도 한다.

   어느 날부터 어지럼증이 생겼다. 신경을 쓰거나 날이 더울 때는 어지럼증이 더 심해졌는데 며칠간 체한 듯 울렁거림도 동반한 어지럼증이 지속되었다. 그러다 의식을 잃고 병원에 실려 가게 되었다. 눈을 떠 보니 엄마가 있었다. 엄마는 그전에 본 적 없는 가장 초췌한 모습으로 제대로 앉지도 못한 채 나를 바라보고 있었다. 나는 그때 엄마에게 내가 어떤 존재인지 알았다. 말하지 않아도 알 수 있었다. 그런 나를 이 세상에 남겨 두고 떠나실 때 엄마는 어떠셨을까?
   엄마에게 내가 막대기였던 것처럼 엄마도 나의 막대기였다. 내 유일한 막대기를 잃고 휘청거리지 않으려 힘을 주며 시간을 버티게 되었다. 막대기를 잃었다는 것은 기댈 곳이 더 이상 없다는 것이었고 온전히 두 발로만 서 있어야 한다는 것이었다. 막대기에 기댄 삶을 살던 이가 기댈 막대기를 잃었을 때 가장 먼저 일어나는 일은 넘어지는 것이다. 두 발로 설 수 없으니 기댔을 텐데 기댈 곳이 없어 넘어지는 것은 당연한 것인데 넘어지는 것이 무슨 문제인 양 안타까워하는 소리를 듣게 된다.

나 또한 안타까워하는 소리를 듣는 것이 불편해서 온몸에 힘을 주고 버티고 서 있었다.

 어릴 적 자전거를 배울 때 넘어지는 것을 무서워 하지 말라는 얘기를 들었다. 머리로는 이해를 했는데 타고 있는 자전거가 넘어지고 나도 같이 넘어지는 것은 무섭고 떨리는 일이었다. 넘어지지 않고 타고 싶었다. 몇 번을 무서워 말란 얘기를 들으면서도 몸은 굳어있었고 넘어질 것 같으면 멈추는 일을 반복했다. 그래서인지 자전거를 타긴 하지만 제대로 배우지 못해 타는 흉내만 내며 지금도 제대로 타지 못하고 있다.
 자전거를 배우던 그때 같았다. 넘어지지 않으려 힘을 주며 지내던 막대기를 막 잃어버린 몇 년의 삶은 고단했다. 마음도 강해져야 했고 삶의 모습도 강해야 했다. 나중에 친구나 아는 이들이 그때의 너를 보며 대단해 보였단 얘기를 했는데 나는 이런 이야기를 듣고 싶어 그렇게 버틴 것이 분명했다. 그 말에 스스로를 기특해하는 나를 발견했기 때문이다. 도대체 그게 뭐라고 사람들에게 보이는 것이 뭐가 그리 중요하다고 나는 나를 먼저 보지 않았을까?

 어려서부터 엄마와 둘이 살던 나는 다른 집과는 가족의 형태가 다름을 알게 되었다. 채울 수 없는 아버지의 부재도 늘 바쁜 엄마의 빈자리도 내겐 목마름이었다. 아비 없는 자식이란 소리를 듣기 싫어 행동도 비뚤어지게 하지 않고 모자라게도 자라지 않으려 노력했다. 심지어 '생활에티켓'인가 하는 제목의 책을 읽으며 생활 예절을 글로 배우려고까지 했다. 교회 어르신이나 친구들에게 다정하고 따뜻하게 행동하며 예의를 지키려 노력했다. 사람들에게 좋은 평판의 사람이 되는 것이 아직 어린아이의 바람이었으니 지금 생각해보면 짠하기까지 한 시간을 보낸 것이다. 누가 그렇게 하라고 해서 한 것이 아닌 남과 다른 차이의 부재를 나는 이렇게 메워가고 있었던 것이라 여겨진다. 이렇게 성장을 하고 나니 그것이 습관이 되어 버렸는지 넘어지고 아파해도 괜찮았을 그 시간마저 서 있으려 애를 쓰고 있었던 것이다.

몇 년 전 한 달 이상 우울과 깊은 슬픔이 지속되었다. 힘든 상황도 지나갔고 지내는 일상도 고단할 것 없는 날들이었다. 그런데 마음이 계속해서 가라앉더니 나중에는 기쁨과 슬픔의 감정조차 들질 않는 것이었다. 슬픔이라고 하기 어려운 모든 것과 이어진 끈이 떨어진 듯한 감정이었다. 밖으로 표현을 한다고 나아질 것도 아니고 사람들의 위로가 무슨 유익이겠나 싶어 속으로 참고 있자니 나중에는 이러다 죽을 것처럼 아프기 시작했다. 정신과를 찾아가 진료를 받기 시작했다. 의사 선생님은 내게 고생했다고 힘들었겠다고 하였다. 그 말을 듣는데 갑자기 눈물이 나왔다. 착하고 뭐 그런 것을 떠나 자기감정을 누르고 사는 사람들이 겪는 일이라 하는 것이었다. 주위의 대부분의 사람들이 다 이렇게 살지 않느냐고 물었더니 마음이 아파 몸으로 나타나는 사람도 있고 참고 살다 나쁜 결과를 맺기도 한다고 했다. 그래도 용기를 내서 초반에 온 것이라며 약 먹고 몇 번 더 방문을 하라고 했다. 그리고 나서 얼마 뒤에 당황스러웠던 그때의 모습에서 벗어날 수 있었다. 그때 선생님은 내게 참아온 것이 터진 거란 말을 해 주었다.

 엄마가 가신 그때에도 나는 수요일에 예배를 보러 교회에 갔다. 하늘나라로 가신 것이니 너무 슬퍼 말고 의연하게 있는 모습을 보이고 싶었던 것이다. 집에 돌아와서도 자꾸 울지 말라고 하길래 울음이 나면 참고 수업을 단내가 나도록 하며 보냈다. 울고 싶으면 혼자 있는 집에서도 이불 속으로 들어가거나 수건을 물고 소리가 나지 않게 울고 그렇게 시간이 가고 조금씩 아픔도 그리움도 씻긴 것 같았다. 모든 일이 이랬다. 힘들어도 누구에게 도움을 청할 수도 없었고 얘기할 수도 없으니 그냥 참다 보면 나아지고 그러면 다 되는 것 인줄 알았는데 어느 날 그게 터져 버린 것이었다.

아버님을 갑자기 떠나보낸 이의 장례식장엘 다녀왔는데 황망하게 떠난 아버지를 생각하며 눈물을 흘리는 이에게 함께 간 이가 일을 바쁘게 하며 잊으라는 말을 건네고 있었다. 그 말을 들으며 그러지 말라고 했다. 당연히 슬픈 일이고 잊을 날이 오면 점차로 눈물도 마를 텐데 많이 울고 많이 쏟아내라 했다. 어느 것으로도 해결이 안 될 일인데 그 안에서 할 수 있는 애도를 다 하라고 하며 그래야 제대로 웃을 수 있다는 속말을 전했다. 막대기를 잃어버리면 두 발에 힘을 쏟기보다 잠시 넘어져 있어도 괜찮지 않을까? 그러고 있다보면 새로운 막대기가 눈에 들어올텐데 다시 그것에 의지해 일어나면 그 뿐이다. 아버지를 잃은 이가 쏟아내는 슬픔과 그리움의 눈물이 그에게 막대기가 되길 소망한다.

어린 딸이 엄마의 막대기였을 수도 있었던 것처럼 누군가도 나에게 막대기가 될 수 있을 것이다. 친구도 선배도 후배도 설이도 내게는 '막대기'인 것처럼 얇디얇은 나뭇가지의 막대기일망정 나도 그들에게 막대기의 삶이 될 수 있을지……. 예의상이라도 그들도 내게 '막대기'라는 말은 건넬 것인데 믿어야 할지 말아야 할지…… 믿고 싶다.

발걸음의 무게

「나의 아저씨」라는 드라마가 있다. 며칠 쉬는 날이 주어지면 다시 보기를 매번 하게 되는 내용의 드라마이다. 하루를 보낸 주인공 남자가 가방을 어깨에 메고 집으로 돌아가는 장면이 자주 나온다. 사람과의 관계에서 오는 피로감, 일로 인한 긴장이 주는 피곤함, 사랑하는 이로 인한 상처 등 주어진 삶의 무게가 그의 터벅터벅 걷는 발걸음에 실려 있다. 술이라도 걸친 날의 휘청거리는 그의 걸음은 왜 그리 위태해 보이고 깊은 슬픔이 전해지는지 드라마임에도 안쓰럽고 아픈 마음이 든다. 두 어깨 가득한 무게가 실린 그의 발걸음엔 그의 삶의 무게가 실려 있다.

오일장이 서는 날 일이 일찍 끝나면 신이 나서 장으로 달려갔다. 엄마가 좋아하는 것, 내가 좋아하는 것들을 한가득 사서 무거운 것도 잊고 태장동 집까지 걸어갔다. 장이 서는 곳에서 집까지는 뚝방이라 불리던 원주천 위의 길을 따라가야 했다. 양손 가득 장 본 것들을 들고 엄마가 기다리고 있는 집으로 가는데 가다 보면 저 멀리 왼쪽 하늘엔 노을이 붉게 물들어 있었다. 붉은 해는 하늘을 물들이고 나면 사람들의 공간으로 내려왔다. 원주천의 물이 가득일 때는 물에 비치는 노을과 천변의 모습은 정말 아름다웠다. 뚝방에 서서 지는 해를, 붉게 물들어 가는 주변을, 원주천의 흐르는 물을 보다 보면 나도 모르게 눈가가 욱신거리고 눈물이 나기도 했다. 양손의 무게가 얼마이든 상관이 없었다. 장날의 활기와 장보기의 신남도 좋았지만 걸으며 왼쪽의 하늘을 보는 것, 집에 가면 기다리는 엄마가 계시다는 생각에 무거운 양손은 무거움이 아닌 든든함이었다.

　한참을 걸어 집 근처로 오면 동네 아주머니들과 있던 엄마는 저만치부터 마중을 나오셨다. 무슨 얘기를 나누고 있었던 간에 더 이상 엄마의 관심은 거기가 아니었다. 내가 오면서부터 엄마는 오로지 나와 함께 저녁을 보내는 것이 가장 큰 기쁨이었다. 엄마뿐 아니라 나도 이 시간이 제일 행복했다. 엄마가 하루 종일 나를 기다리며 준비한 저녁을 차리고 그날의 일을 얘기하기 시작하면 나도 밥을 먹으며 엄마에게 하루 일을 나누는 그런 별거 아닌 것들로 채워지는 저녁 시간이 좋았다.

말을 할 때 해야 할 말과 하지 말아야 할 말을 재지 않고 생각이 말보다 앞서는 것을 신경 쓰지 않고 말을 건넬 수 있는 존재가 '엄마'가 유일하지 않을까 하는데 그런 엄마가 매일 내 앞에서 내 이야기를 들어주셨다. 조금씩 나이가 들어가며 그것이 얼마나 귀한 것이었는가를, 아름다운 시간이었는가를 알게 되니 그리움이 날마다 진해져 간다.

하루 일과를 끝내는 시간이 늘 밤인 직업을 갖고 있다. 가끔 조금 일찍 끝나긴 하지만 해 질 녘의 퇴근은 쉽질 않다. 그리고 그게 다행이란 생각을 하고 있다. 장을 보고 뚝방을 따라 양손 가득 장을 봐서 집으로 돌아가던 그때의 시간에 집으로 가는 날이 있는데 쉽게 집으로 들어가질 못한다. 우선 집으로 가는 내내 마음 둘 곳 없는 외로움이 온몸과 마음을 감싸는데 이때의 힘듦이 깊은 슬픔으로 이어져 버리면 집으로 들어가기 쉽질 않아 해가 질 때까지 여기저기를 돌다 들어오게 된다.

한 번은 이런 날 신림에 있는 용소막 성당으로 차를 돌린 적이 있었다. 가끔 가서 멍하니 앉아있다 오는 곳인데 그날도 그곳이 생각났다. 용소막에서 한참을 어둑해지는 시간을 기다리고 있는데 차 한 대가 서더니 누군가가 내리는 것이 보였다. 양손에 짐을 가득 든 그는 성당 근처 집으로 발걸음을 옮기고 있었다. 그리고 대문을 열더니 그 집으로 들어가 버렸다. 그걸 보는데 갑자기 울컥하고 눈물이 났다. 그 집 대문을 열고 나도 들어가고 싶었다. 양손 가득 장 본 것을 들고 집으로 들어가 기다리는 가족들과 사 가지고 온 물건을 펼치며 얘기를 나누고 싶었다. 엄마와 산 것이 가족의 전부였음에도 엄마와의 시간에 대한 그리움은 경험한 적 없는 가족들과의 시간에 대한 동경과 그리움으로 변해가기도 하는데 이런 마음이 들어오는 날은 견디기가 쉽질 않다.

하루 중 가장 좋아하는 시간이 해 질 녘인데 이제는 그 시간이 자꾸 가슴 시리는 시간으로 변해가고 있으니 어찌해야 그 시간을 잘 버틸 수 있을지 모르겠다. 지금처럼 그 시간을 보지 않게 일을 해야 하는 것인지, 갱년기가 끝나면 괜찮을 거란 기대로 시간을 보내야 하는 것인지, 그것도 아니면 슬픔과 고독과 그리움이 공존하는 감정 속에 더 깊이 들어가 버려야 하는 것인지 여전히 아름답지만 그것을 보는 내 눈에 슬픔이 실려 버렸으니 감정의 과잉이 되어버린 나이 탓을 해야 하는 것인지.

유희열의 '옆모습'이라는 노래의 가사에 '괜찮다 별일 없다 해도 왠지 슬퍼 보이는 옆모습'이란 가사가 있다. 「나의 아저씨」에서 주인공이 터덜거리며 집으로 가는 도중 아내에게 전화를 걸어 "뭐 사 가?" 하던 대사를 잊지 못하는 나는 '옆모습'에서의 '괜찮다 별일 없다 해도'라는 가사가 "뭐 사 가?"로 들리는 것이 지나친 비유가 아닐까 하는 생각도 했지만 듣는 이가 '사람'이라는 공통점을 가지고 있으니 그리 과한 것은 아니라 여겨진다.

엄마와 지낼 때의 나도 이러했다. 늦은 밤 수업을 끝내고 집으로 갈 때나 이른 귀가를 할 때면 전화를 걸어 "엄마 뭐 사 갈까?"라고 묻고 엄마가 늦게 끝나는 일이, 아이들 가르치는 일이 힘들지 않냐고 물어올 땐 괜찮다고 대답을 하곤 했다. 입에서 단내가 나도록 힘들기도 하고 마음이 무너져 내린 날도 있었지만 나는 매일 '뭐'를 사 가고 싶었고 괜찮은 날들이었다.

꽤 오래전 오빠의 뒷모습을 본 적이 있다. 오빠를 이해하기 힘든 때였는데 이해는커녕 원망이 가득하던 시간이었다. 우연히 난간에 기대어 선 오빠의 뒷모습을 보게 되었는데 이상하게 그날 오빠의 구부러진 등과 어깨에 실린 무게가 느껴졌다. 힘들겠구나 하는 생각이 들더니 이해를 넘어 가엾다는 생각이 드는 순간이었다. 그때 나는 10대였고 나이 차가 많이 나는 오빠는 삼십 대의 아이가 있는 가장이자 홀어머니를 둔 아들이었고 나의 오빠였다. 그 이후 나는 가끔 난간에 기대어 멍하니 어딘가를 바라보던 오빠를 생각하곤 한다.

술 한 잔을 마신 후 집으로 터덜거리며 걸어가는 드라마 속 주인공의 모습은 내 오빠의 뒷모습이기도 했고 나의 모습이기도 했다. 그리고 "뭐 사 가?"라는 그냥 그런 물음으로 자신을 기다리고 있는 존재가 있다는 것에 대한 확인을 하며 "뭐 사 가?" 크게 반기지 않는 물음으로 누구에게든 자신의 존재를 알리며 삶을 살아내는 모습은 지금의 내 모습이기도 하다.

집으로 갈 때 마트에 들리는 날이면 집에 전화를 걸어 "뭐 사 갈까?" 하는 물음을 묻고 싶어질 때가 있다. 크게 필요하지 않음에도 일부러 마트에 들려 사 갈 것들을 억지로 끄집어내기도 한다.

토요일과 일요일에 설이네를 갈 때 설이에게 "전화를 걸어 뭐 사 갈까? 뭐 해 줄까? 뭐 먹고 싶어?"를 한 주도 빼지 않고 묻는데 이 순간은 내게 약간이 떨림마저 주는 시간이다. 터덜거리며 늦은 밤 집으로 돌아가더라도 "뭐 사 가?" 하는 물음을 물을 수 있는 존재만 있다면 그 하나만으로도 하루를 버텨내고 한 달을 전 삶을 버텨낼 수 있겠다고 여겨진다.

친구들이 가끔 강아지나 고양이를 키워보란 얘기를 한다. 마음 붙이기도 좋고 돌보다 보면 가족 같다는 얘기를 하며 혼자 있는 것보다 나을 것이라 하는데 아직은 별생각이 없다. 집에서 지내는 시간이 많지 않기도 하고 잘 돌볼 자신도 없다. 봄이 오면 집 앞에 작은 텃밭을 일구며 생명을 키우는 것에 만족하고 있고 아이들을 만나며 함께 하는 시간이 내겐 일인 동시에 돌보는 시간이라 여기고 있기 때문이다. 무엇보다 앞으로 설이가 자라며 함께할 시간들이 줄어들 터이지만 나를 '엄마'라 부르는 딸이 있기에 아직은 소용을 못 느낀다 여겨지나 설이가 자라 텅 빈 공간이 허전함이 생기면 어떨지는 모르겠다.

 엄마와 살 때도 문득 살을 파고드는 공허가 존재했고 혼자인 지금도 문득 공허함은 나를 찾아온다. 한 번도 혼자 산 적이 없는 친구들도 삶이 때때로 공허하단 얘기를 한다. 결국 인생은 혼자인 외로움과 허전함을 깔고 산다는 것인데 이것이 찾아올 때 극복해야 하고 굳이 경험하고 싶지 않아 다른 방법을 찾아 애쓰는 것은 아닐까? 나는 방법이 있다는 생각도 하지 않고 방법을 찾아 여기저기 기웃거릴 생각도 없다. 그냥 있으면 되는 것이다. 힘이 들면 힘들다 징징대다 외로워지면 외로움 속으로 빠져보고 그러다 다시 신나는 시간이 오면 신나 하고 굳이 행복해지려고 애쓰지 않고…….

 하루를 살아낸 발걸음은 하루의 무게를 담고 일 년을 살아낸 발걸음은 일 년의 무게를 담고 평생의 시간을 살아내고 있는 발걸음엔 전 인생의 무게가 담겨있을 텐데 가벼워질 리가 없다. 무게를 가진 발을 쉬게 하면 된다. 앉거나 누우면 발의 무게는, 발걸음의 무게는 다른 곳으로 이동할 것이다. 삶의 무게가 사라질 리는 없으니 쉬고 난 후 다시 터벅거리며 걸어가면 또다시 걷게 되지 않을까? 누군가와 나눌 필요도 없고 다른 이의 무게를 대신 받아 줄 이유도 없다. 함께 살아가며 함께 앉고 함께 누워 자기의 무게를 잠시 옮겨두면 그뿐이다. 무게는 나누기보단 무게를 옮기는 것. "뭐 사 가?" 한 마디로 무게를 잊기도 하고 괜찮다는 말로 무게를 속이기도 하며 살다 보면 '인생 살아 볼 만하다'라고 하던 어른들의 말씀이 나의 말이 되어 있으리라 여겨진다. 나눌 이의 부재를 안타까워할 시간에 옮기는 일을 익숙하게 만들다 보면 살아볼 만한 인생을 살아내고 있는 나를 발견하게 될 것이다.

입동이 지나서인지 스치는 바람이 제법 차다. 라디오에선 가는 가을이 아쉽다는 얘기를 나누고 집 옆 감나무의 잎은 거의 다 떨어진 채 손이 닿지 않은 제법 많은 감들이 홍시로 익어가고 있다. 까치밥으로만 남겨 둔 것이 아님에도 까치들은 감에 눈독을 들이고 있고 잎이 진 감나무에 달린 감을 보는 것을 좋아하는 나는 아침마다 한참씩 감을 보다 나온다.

오늘도 하루의 삶을 보내고 무거워진 발걸음을 터덜거리며 집으로 돌아갈 텐데 무거워진 만큼 밤이 주는 휴식도 깊고 편안하리란 것을 알기에 뭐 사 가? 하고 묻는 이가, 대답할 이가 없어도 '나의 하루'를 그냥 보내면 그뿐이다.

최설

친구가 경영하는 어린이집에 오전에 나가 아가들을 돌본 적이 있는데 그때 백일이 되지 않은 설이를 보게 되었다. 아가를 키운 본 적이 없던 터라 설이를 돌보며 배워나간 시간이었다. 기저귀를 가는 법, 기저귀에도 앞뒤 구분을 해야 한다는 것, 분유 타는 법, 배고플 때 아가의 뺨을 톡톡 해 봐야 한다는 것, 이 모든 것들이 낯설고 어려웠다. 긴장된 시간의 연속이고 익숙하지 않은 일들을 하다 보니 손목 통증이 생기고 그 통증은 지금도 함께하고 있다. 아가들은 많이 잔다고 했는데 설이는 달랐다. 잠도 안 자고 자도 아주 잠시였다. 그리고 울기도 잘 울고 때가 나기 시작하면 진땀이 날 정도로 자지러졌다. 안아서

달래다 보면 어느새 멈추곤 했는데 가끔은 너무 벅차기도 했다. 이런 설이를 계속 볼 수 있었던 건 어느 날부터 시작된 눈맞춤 때문이었을 거다. 설이는 나와 눈을 맞추고 내가 움직이면 나를 보며 같이 눈을 움직였고 옹알이가 시작되자 얼마나 많은 얘기를 하던지…… 나도 설이를 좋아했지만 설이도 나를 많이 좋아하는 듯했다. 친구는 이런 설이에게 '선생님엄마'라는 호칭으로 나의 존재를 알려줬다.

다섯 살이 되고 졸업을 하면서 설이와의 만남이 끝나는 것이 많이 아쉬웠다. 가끔 보자고 했지만 이어지기가 쉽지 않음을 알기에 서운하고 보고 싶고 하던 차에 설이 부모의 배려로 주말엔 설이와 함께 놀 수 있는 시간을 갖게 되었다. 설이 부모의 고마운 선물이었다. 주말마다 만나 밥도 먹고 놀이도 하고 소풍도 다녔다. 또 일주일 동안 일어났던 이런저런 얘기를 나누곤 했는데 가끔은 친구들과 지내며 속상했던 일을 얘기하기도 했다. 다섯 살 꼬마도 갈등이 있고 배려를 하며 상처도 받고 그러면서 마음이 크고 있었다. 어른들의 세계와 별반 다르지 않는 아이들 세계였다.

어느 날엔가 설이는 누군가로 인해 속상했던 얘기를 들려주었다. 마음을 다친 설이에게 앞으로 많은 친구를 만나고 많은 일들을 만나게 될 텐데 모든 사람과 모든 일이 설이를 행복하게 해주진 않을 거라고 했다. 그러나 속상하고 아플 때 조용히 마음을 토닥토닥 해주며 괜찮다고 하면 속상한 마음도 사라져 버리고 힘든 순간도 지나갈 거란 얘기를 들려준 적이 있었다.

 얘기를 나눈 몇 주 뒤 소금산 출렁다리로 가게 되었다. 올라가다 멀미를 느낀 나는 아래서 기다렸는데 다섯 살 설이는 잘 올라갔다. 설이엄마의 얘기를 듣자면 씩씩하게 올라가더니 출렁다리도 잘 건넜다고 했다. 설이와 올라간 얘기를 나누다 힘들었을 텐데 어떻게 올라갔느냐 했더니 설이는 몇 주 전 나눈 얘기를 기억했다고 했다. 선생님 엄마가 힘들고 속상해도 잘 참고 견디다 보면 괜찮아진다고 해서 올라갈 때 힘들었지만 참았더니 괜찮아지더란 얘기를 나에게 다시 들려주는 것이었다.
 설이에게 엄마는 잘 참질 못해서 끝까지 오르질 못했다며 같이 못가 미안하다고 하자 설이는 엄마는 마음이 아니라 몸이 힘들어 그런 것이니 괜찮다고 하는데 더 이야기를 이어갈 수가 없었다. 설이는 다섯 살 아이고 딸이었지만 그날은 나의 스승이 되어주었다.

 설이를 만나며 만남의 복을 생각하게 된다. 아이가 주는 기쁨이 어떤 색깔인지, 어떤 깊이인지 전혀 가늠조차 할 수 없는 내게 설이는 맛을 보게 해 주고 있다. 가슴 뻐근함이 무엇인지 마냥 안쓰러운 마음이 어떤 것인지 싸우고 볶고 지지다가도 뒤돌아서면 다시 그립고 마냥 사랑스럽다는 것이 무엇인지를 설이는 내게 알려주고 있다. 설이를 만난 후 내 삶은 아주 풍성해졌다. 그리고 너그러워졌다.

나의 주인 되신 분이 내게 주신 선물이다.

칼국수와 두부

전에는 그리 좋아하지 않았음에도 지금은 자주 찾는 음식이 있다. 칼국수와 두부이다. 칼국수의 걸쭉한 국물도, 탄력 없이 후두둑 끊어지는 면도 크게 맛있다고 여겨지질 않으니 일부러 찾아 먹는 음식이 되진 않았다. 자주 만나던 분이 계셨는데 밥을 먹어야 할 때면 열에 아홉은 칼국수였다. 메뉴 선택을 할 때 예전이나 지금이나 상대방이 먹자는 대로 먹는 나는 그분 덕에 칼국수를 자주 먹게 되었다. 두부도 마찬가지였다. 친구 중 하나가 두부를 좋아하는데 같이 밥을 먹을라치면 두부가 대부분이었다. 한 끼 먹는데 이것저것 고르기도 번거롭고 해서 먹자는 대로 먹은 것이 두부였다. 특별하게 좋아하는 음식이 없는 것이 이유이기도 했다. 내가 즐기는 음식은 거의 다 식당에서는 팔지 않는 엄마가 해 주신 것들이었다. 파는 음식도 엄마의 맛이 아니면 다 그냥 그러니 까다롭게 굴 이유가 없었다.

 그런데 이상하게 자주 먹다 보니 좋아진 것인지, 그냥 습관이었는지 어느 날인가부터 내가 선택을 해야 할 때 칼국수와 두부가 메뉴에 포함되어 있었다. 두부는 아직까지도 아주 좋아한다고는 할 수 없지만 좋아하는 편에 가까워졌고 칼국수는 아주 좋아하는 음식이 되어버렸다. 걸쭉함은 구수함으로 변했고 뚝뚝 끊어진다고 여긴 면은 부드럽게 목을 넘어가는 음식이 되어있었다. 기호가 바뀌니 더 찾게 되고 찾아서 먹다 보니 더 좋아지고… 칼국수를 하나 먹는 것에 뭐 그리 유난을 떠나 싶다가도 어쨌든 바뀐 칼국수에 대한 기호가 그것을 대하는 태도마저 변하게 했으니 사고의 확장을 즐기는 나는 사람과의 관계에서도 이와 비슷한 연관을 지어 볼 수도 있겠단 생각을 하게 된 것이다.

 사람과의 관계도 이렇게 변할 수 있을까? 좋아하지 않던 이를 자주 만나고 얘기를 나누고 그의 삶을 들어보고 지켜보다 보면 애정이 생기고 다른 이와는 다른 특별한 감정을 느낄 수 있을까?

나는 아이들을 별로 좋아하지 않았다. 아이 엄마가 된 친구들이 서운할 정도로 아이들에게 대하는 태도도 차갑고 어른과 다름없는 엄격함으로 대하곤 했다. 아이를 좋아하지 않으니 내 삶에 아이가 꼭 있어야 한다는 생각도 들질 않았고 그것만은 아니겠지만 어느 정도의 영향을 받아 결혼도 필수가 되질 않았다. 아무리 예쁜 아이일지라도 오 분이 지나면 그때부터는 신경을 자극하는 정신없는 대상으로 변해버리니 친구들과 함께 식사라도 할 경우가 생기면 여간 불편한 게 아니었다. 가끔 이런 나를 따르는 아이들도 있었는데 아이들의 부모도 이해가 되지 않는다며 살갑지도 않고 다정하지도 않은 나를 따르는 아이들을 신기해하기도 했다. 어쨌든 이런 나였는데 오전에 할 수 있는 일을 찾다 친구 어린이집에서 오전 알바를 구한다기에 출근을 하게 되었다.

아이뿐 아니라 아기를 안는 법조차 모르는 내게 배워가며 돌보라는 말에, 신생아이니 매일 잘 거라고 걱정 말라고 하는 말에 큰 걱정 없이 덜컥 하겠다고는 했는데 막상 가보니 생각과 현실은 너무나 큰 차이가 있었다. 기저귀 앞뒤도 헷갈리고 익숙하지 않은 손짓에 아가는 울어대고 우유를 먹이는 것도 어설프고 얼마 뒤에는 아기 엄마들이 생긴다는 손목의 저림도 생기며 아가를 만나야 했다. 힘들었지만 자꾸 보다보니 아가는 내게 신기하고 신비롭게 다가오기 시작했다. 그러던 어느 날 '설'이란 이름의 아가가 내 안에 훅 들어오는 경험을 하게 되었다.

  설이가 처음 옹알이를 한 날, 그동안 경험하지 못한 심장이 '쿵!' 하고 내려앉는 것이 무엇인지를 알게 되었다. 그리고 그때부터 설이는 내가 낮 시간에 돌봐줘야 할 아기를 넘어선 아가가 되어버렸다. 설이의 울음이, 웃음이, 찡그림이 무엇을 뜻하는지 살피고 아가에게 필요한 것이 무엇일까를 먼저 생각하게 되었다. 아가의 울음이 각각 다르다는 것을 알게 되었고 웃음의 의미도 알게 되었다. 그리고 그것을 알아가는 시간은 신비로움이 가득한 매일이었다. 설이가 웃을 때 나도 웃고 설이가 울 땐 안타까움에 마음에 타들어갔다.

  그렇게 지내며 다섯 살이 된 설이는 매 주 만나는 아이로 성장했고 설이의 자라는 모습을 보며 싸우기도 하고 감격함에 눈물도 나고 커가는 모습에 먹먹하기도 하며 나는 설이를 더 사랑하게 되었다. 미운 짓을 해도 서운하게 해도 그때뿐인… 이 아이를 사랑하는 마음은 그것과는 상관없이 커져만 가고 있다.

  가끔 나는 설이와의 헤어짐을 생각하는데 설이가 성장하며 설이의 세계 속의 나는 작아져 간다는 것을 스스로에게 잊지 말라고, 나중에 서운해하며 눈물 흘리는 일 따위는 만들지 말라고 다짐하는 시간을 가지려 하고 있다. 전에 누군가가 나에게 나중에 선생님만 상처받을 텐데 그만하라는 말을 한 적이 있었다.

  이 말을 들은 친구는 무슨 말이냐며 사랑할 때 사랑하면 되지 나중을 생각하라는 건 계산하라는 건데 그냥 지금 사랑하고 예뻐하란 말로 내 마음과 행동에 당위성을 갖게 해 줬다. 나는 그것이 위로가 되었고 맘껏 마음을 표현하고 있는데 설이가 커 가며 자기 세계를 만들어가는 것을 보며 요즘은 조금씩 마음을 다잡고 있다. 아기일 때 설이와 커가는 설이를 향한 마음은 동일시할 수 있지만 아기일 때 설이와 어린이로, 청소년으로 자라 날 설이를 같은 설이로 보게 되는 일은 없어야 한다고 마음을 먹고 있는 것이다.

  설이를 만나기 전까지 나도 누군가의 말처럼 관계를 통해 아프거나 상처받으며 살고 싶지 않았다. 조용히 이곳에서의 삶이 끝나면 영원한 고향으로 돌아가면 된다고 여기며 살았다. 어머니가 돌아가시고 나서 결심한 다짐이었다. 한계적인 이 땅에서의 삶인데 그냥 버티고 사는 것이 누군가를 떠나보내고 누군가를 떠나는 그 아픔을 반복하는 것보다 낫겠다고 생각했다. 외로움이 찾아오기도 하고 힘든 순간엔 혼자 겪어

내는 것이 어렵기도 했지만 반면엔 혼자라 그나마 다행이란 생각도 했다.

　사랑하는 가족이 같은 아픔을 겪는다면 그것을 바라보는 것이 더 힘들 수도 있겠다 여겨지자 내 선택이 나에겐 가장 최선의 것이 되었다. 옳고 그름이 문제가 아닌 선택의 상황이고 난 이 길을 선택한 것뿐이었다. 이런 내게 설이와의 만남은 다른 길로 난 문이 열리는 것이었다. 내가 주인 삼은 이의 계획이 나의 계획 속으로 들어온 것이었다.

　설이가 다섯 살 때 감기 몸살에 걸려 설이를 만나지 못한 적이 있었다. 혼자 사는 이는 아플 때 서럽다고 하는데 서러움까진 아니지만 아플 때 불편한 게 있는 건 사실이다. 약을 사러 가기도 힘들고 먹기도 귀찮던 때 설이 엄마의 전화를 받았다. 잠시만 보자는 말에 나갔더니 약과 먹을 것을 잔뜩 준비해 와 있었다.

　다섯 살 설이는 아프단 얘기에 선생님엄마 약은 자기가 사주겠다며 돼지저금통을 뜯었단 얘기를 설이엄마를 통해 들었다. 설이 마음을 선생님 엄마가 알 거라며 돼지는 살리자는 엄마의 말에도 자기가 사 줄 거라며 고집을 피워 결국은 저금통을 뜯었단 얘기를 듣는데 말로 표현하기 힘든 감정이 요동을 쳤다. 다섯 살 아이의 사랑이 너무 컸다. 설이는 울고 있는 내게 많이 아프냐며 약 먹고 얼른 나으란 얘기를 하는데…….

　설이를 처음 만났을 때 까맣고 머리가 사방팔방으로 뻗친 그냥 아가였다. 그런데 그 아가가 지금은 내 삶의 가장 중요한 아이가 되어버렸다. 내 삶의 무엇보다 소중한 누군가가 생기자 삶의 모습도 변해갔다. 내가 만나는 학생들이 그들의 부모의 생명보다 소중한 존재인 것을 알게 되니 귀하게 사람을 대하게 되고 누군가의 아픔이 스치듯 지나가지질 않자 조금은 깊은 마음으로 인생을 대하게 되었다. 혼자인 삶을 사는 이가 절대 알 수 없는 것들을 설이를 통해 나는 맛을 보게 된 것이다. 그래서 나는 내가 믿는 분이 내게 준 선물이라 여기고 있다. 하늘이 준 귀한 선물! 나를 아는 이들은 나를 보며 신기하다고 한다. 자기들의 아이를 키우며 느끼는 것들을 배 아파 낳지도 않은 이가 보기엔 턱 없이 부족하겠지만 그래도 경험해 가는 것이 놀랍다고 하는데…… 그래서 '하늘이 준 선물'이 설이다.

　걸쭉한 국물은 구수해졌고 쫀쫀하지 않은 면의 부드러움은 입안을 채울 때의 풍성함으로 바뀌어 버렸다. 사람과의 관계 속에서 받는 상처 특히, 가족은 함께할 때의 기쁨은 좋으나 헤어질 때의 아픔이 두려워 혼자 살기를 결심한 내게 한 아가의 존재는 그럼에도 불구하고의 삶의 모습을 보게 해 주었다. 여전히 헤어짐이 두렵지만 만남이 주는 기쁨이 두려움을 넘어선다는 진리를 보게 해주고 있는 것이다.

아이들은 수선스럽고 번거로움이 가득한 존재이며 늘 시끄럽고 정신이 없는 그저 작은 사람이라 여겼는데 아이들 속에 큰 우주가 있고 아이들의 수선함이 건강함을 반증하고 묻기를 반복하는 아이들 속에 얼마나 많은 보석이 있는가를 보게 해 주고 있다.

커 가는 설이와 지금보다 더 싸우기도 하고 서운함도 느끼고 아쉬움에 눈물이 날 수도 있다. 그러하겠지만 시간이 지나는 만큼 나는 설이를 더 사랑하고 사랑할 것이다. 시간이 준 힘은, 함께한 세월이 준 힘은 크기 때문이다. 남인데도 저런데 자기 새끼면 어땠을까 하는 얘기를 가끔 듣는데 그럴 수도 있었겠지만 내 인생에선 설이가 가장 최선이고 최고인 결과이다. 두려움 뒤에 서 있는 벅찬 감격을 선물로 가져온 아이 설이와 나는 주말에 만나 지지고 볶는 시간을 보내게 될 것이다.

놀이터에서

주말에 설이 엄마는 설이 아빠 가게에 나가 일을 돕는다. 주중엔 회사 일을, 주말엔 가게 일을 하는 설이 엄마가 걱정되면서도 최선을 다해 삶을 살아내는 모습은 부모의 삶을 생각하게 한다. 주말 아이들만 있는 그 시간에 나는 설이와 함께 있게 되는데 토요일 수업을 끝내고 설이에게 가서 놀기도 하고 다투기도 하며 하루를 보내게 된다.

그 또래의 아이가 그렇듯 설이도 에너지가 굉장한데 누구보다 활동적이란 말을 듣던 나도 버거울 만큼 아이의 요구는 어마할 때가 많다. 무엇인가 끝없이 놀거리를 찾아내고 만들고 함께하자고 조르기도 하고 밥을 먹고도 또 다른 무엇인가를 요구하는 일이 잦다. 그러면서 가끔은 나를 토닥이듯 엄마가 만들어준 것이 제일 맛있어서 그런다며 기분을 맞추기도 하는데 해 준 음식을 맛있어하며 오물오물 먹을 땐 세상에 없이 소중하고 예뻐 먹는 아이 볼에 뽀뽀를 하기도 한다.

설이는 얼마 전부터 줄넘기를 배우기 시작했다. 줄만 넘으면 되는 것이 줄넘기라 여겼는데 요즘은 그게 아닌지 줄넘기를 가르쳐 주는 학원도 생기고 줄넘기의 방법도 우리가 아는 넘으면 되는 것이 아닌 여러 가지에다 심지어 대회까지 있다는 것도 설이를 통해 알게 되었다. 어쨌든 줄넘기를 시작한 설이는 주말에 볼 때마다 손에서 놓질 않고 있는데 시도 때도 없이 줄넘기하고 싶단 얘기를 시작하면 끝이 나질 않는다.

설이집이 아파트라 안에서 할 수 없으면 팔에 줄을 감기도 하고 복도에 나가 폴짝거리기도 하는데 성이 안 차는지 나가서 하고 싶단 얘기를 매주 하고 있다. 쉬고 싶은 마음이 있어 자주 나가지 못하는 것도 있지만 그보단 너무 더운 날씨가 더 큰 이유가 되어 나가자는 아이를 달랠 때가 많다. 에어컨을 켜놔야 살 만한 날씨임에도 설이는 아랑곳 하지 않는다. 가끔 데리고 나가는데 가만히 있어도 숨이 막히는 날씨임에도 놀이터를 뛰고 줄넘기를 하고 놀이기구를 타는 일을 끝도 없이 한다.

지난 토요일에도 여지없이 조르는 설이가 마음에 쓰이기도 하고 바람이 조금 불기도 하길래 데리고 나갔다. 아이 혼자 놀이터에 내보내기가 쉽지 않은 시대를 사는 것이 마음 아프고 앞으로 이 아이들이 살아갈 세상에 대한 걱정도 하며 나가고 있는데 혼자 놀이터에서 노는 남자아이가 있었다. 설이가 아는 오빠라며 아는 척을 하더니 함께 놀기 시작하는데 가만히 보고 있자니 아이의 행동이나 말투가 조금 어눌해 보였다.

 이유가 있겠단 생각을 하며 보는데 그네를 타던 설이가 아이에게 다른 놀이기구를 타자고 하자 아이는 서울 대학 병원에서 심장 수술을 받았다며 다른 건 못 탄다는 얘기를 했다. 시소를 타며 설이는 아이에게 수술을 받을 때 아팠냐고 묻기도 하고 그네를 타며 얘기를 나누더니 나중에 설이 말로는 아이네 부모님이 이혼을 해서 아빠와 산다는 것과 아이가 설이에게 나중에 맛있는 것을 갖다 주겠다는 얘기를 했다는 것을 전해 들었다. 설이는 오빠가 너무 착하다며 자기가 얘기를 하면 중간에 끊지 않고 끝까지 들어줬단 얘기를 하는데 나이 어린 아이도 자기의 얘기를 들어주는 배려를 상대방이 어떤 사람인지를 구분하는 기준이 된다는 생각이 들었다.

 설이는 놀이터를 다녀온 후에도 일을 마치고 온 설이 엄마에게도 몇 번이고 그 아이 얘기를 하는 것을 보며 설이가 그날 많이 즐겁고 행복했구나 하는 생각이 들었다. 그리고 그리 길지 않은 시간 밖에서 놀고 온 설이는 그 하루는 더 이상 나가자는 조름 없이 신나게 다른 무엇인가를 가지고 놀았다.

 어릴 적 내가 살던 동네는 집과 골목 다시 집과 골목으로 이어진 곳이었다. '응답하라 1988'의 쌍문동 동네를 보며 어릴 적 살던 서대문의 우리 동네가 생각나기도 했고 태장동 아랫동네였던 우리 동네가 생각나기도 했다. 집과 골목으로 이어진 동네는 아이들이 학교에서 돌아오는 시간이 되면 골목마다 아이들 소리로 가득 찼다. 옆 집 굴뚝 옆에선 굴뚝을 기둥삼아 몇 아이들이 말뚝 박기를 하고 있고 저 쪽 조금 들어간 대문 앞에선 여자애들이 작은 돌을 가득 뿌려 놓고 '많은 공기'를 하고 있었다. 아이가 혼자 나가 놀아도 걱정이 없는 것이 아이들이 늘 골목 어딘가에 있었고 골목의 모든 집에서 아이들의 소리가 들렸기에 엄마들은 걱정을 할 필요가 아니, 밖에서 노는 아이들에 대한 걱정 자체가 없는 그런 시절이었다. 집에 가방을 던져 놓고 밖으로 나가 신나게 놀다 보면 저녁이 되고 이 집 저 집에서 밥 냄새, 찌개 냄새, 반찬 냄새들이 나기 시작하면 아이들은 하나둘씩 집으로 돌아갔다. 머리는 땀에 젖고 옷은 흙과 먼지 가득인 채 들어가 엄마에게 잔소리를 들으며 씻고 나면 방안에 어느새 조금 전 맡던 그 냄새 그대로, 때로는 전혀 다른 밥상이 차려져 있었다. 밥을 먹고 난 후에 숙제를 하기도 하고 방 안을 뒹굴기도 했는데 하루 중 이 시간만큼 편하고 늘어지는 시간은 없었던 것 같다. 그 다음 날이면 또 다시 이런 하루가 시작되고 이런 하루하루는 너무나 신나는 매일이었다. 토요일 오전 수업이 끝나고 집에 오는 시간은 일주일 중 제일 신나는 시간이었다. 학교 앞에서 군것질거리를 사서 놀며 먹으며 왔는데 등교 때보다 두세 배의 시간이 더 들만큼 재미있고 친구들과의 헤어짐이 아쉬운 집으로 오는 길이었다. 점심을 먹고 다시 만날 친구들임에도 그랬었다. 놀고 놀고 또 놀고 하던 하루.

  태장동 집에서 학교까지는 아이들 걸음으로 30분이 족히 걸리는 길이었음에도 아침에 아이와 함께 가는 엄마들의 모습은 거의 보이지 않고 집으로 오는 길에는 더욱 더 엄마들의 모습은 보이지 않는 길이었다. 동네에 아이 혼자 나가도 걱정할 필요 없고 해야 할 공부 때문에 노는 시간이 방해받는 일은 더욱 없는 그런 시간들이었다.

  설이는 여덟 살 여자 아이이다. 이 아이가 혼자 놀이터에 나간다는 것은 부모 입장에선 엄청난 걱정이 앞서는 일이다. 들리는 뉴스엔 끔찍한 일들이, 사람이 어떻게 그럴 수가…… 하는 일들이 일어나고 있는데 설마하며 아이를 혼자 내보내긴 쉽지가 않다. 아이들이 모여 놀 때 그중 한 엄마가 아이들을 보는 것이 약속 아닌 약속이 되어 버렸고 학교가 끝나면 집으로 바로 돌아오는 일은 거의 없이 대부분이 학원으로 가서 또 다른 시작을 하는 시간을 보내는 지금의 아이들의 일과가 된 것이다.

학원 2~3개를 돌고나면 아직 1학년인 설이도 6시나 되어야 집에 오는데 고학년의 아이들은 더 늦게 집에 오게 되고 학교 숙제, 학원 숙제를 하다 보면 하루가 다 가게 된다. 아빠뿐 아니라 엄마도 일하는 집이 대부분이라 아이들을 돌봐 줄 어른이 없는 집으로 돌아오게 하기보단 학원으로 가서 시간을 보내는 것이 낫기도 하고 하교 길에 대한 걱정이 줄기도 하니 아이들은 학원으로 가는 것이 안전한 세상이 되었다.

놀이터 한 번 나가는 것이 준비를 하고 허락을 받고 어른의 동행이 필요해진 시대를 살아가며 나는 어릴 적의 나와 내 친구들의 시간을 생각했고 설이가 어른이 되었을 때 아이들이 살아갈 세상을 생각했다. 나의 예상을 완전히 빗나가게 할 세상이 되어 설이와 설이의 아이들이 살아 갈 세상과 내가 살아온 시간의 모습이 그리 다르지 않길 소망해 본다. 아이들의 소리가 골목에서 들려오고 아이들의 소리가 놀이터에서 울려 퍼지고 놀이터가 놀이터 본래의 모습이 되는 세상을 기대하며.

아버지

어딘가에서 새알을 가져온 아버지는 새알을 깨서 넓적한 잎 위에 놓은 뒤 아궁이의 잔불에 넣어 알을 프라이처럼 익혀 주셨다. 익힌 새알은 부뚜막 한 쪽 아버지 곁에서 함께 지켜보던 어린 자식들의 입에 넣어주고 자식들은 입 안으로 한 번에 들어온 새알을 오물거리며 먹었다. 작은 새 알 몇 개는 아들과 딸 입에 들어가 순식간에 사라지고 새알을 주워 큰 잎에 조심스럽게 깨서 부뚜막의 남은 잔불에 구운 그 시간도 동시에 사라져 버렸다.

내 친구 수정이 와 또 다른 친구 보경이네 산방에서 차를 마시는데 어디선가 나무 타는 냄새가 풍겨왔다. 그 냄새를 맡던 수정이와 나는 나무 타는 냄새, 아궁이에 나무를 땔 때 나는 그 냄새가 좋다는 얘기를 하다 시골에서 자란 수정이의 어릴 적 얘기를 듣게 되었다. 수정이 아버지는 집을 세 채나 혼자 지으시고 창의적인 방법으로 여러 물건을 만드신 발명가셨다. 새 알을 가져다 큰 잎에 알을 깨뜨려 프라이를 해 준 것뿐 아니라 몇 가지가 더 있는데 나는 이야기를 들으며 몇 번을 감탄하고 또 몇 번을 박장대소했다.

동네에 참새가 떼로 몰려다니는 것을 보던 아버지는 새들도 길이 있다며 새를 잡는 방법을 연구하셨다. 양쪽에 긴 장대를 세우고 난 후 장대 사이에 그물망을 씌워 참새들이 다니는 길 양쪽에 장대를 세우고 날아가는 새를 그물망에 걸려 잡히게 했단 얘기에 그게 가능하냐고 물었더니 가능하단 얘기를 했다. 한두 마리가 아닌 제법 많은 참새가 잡히고 곧이어 참새구이가 되어 조그만 양임에도 실컷 먹었단 얘기는 들어본 적 없는 아주 희한하고 재미있는 얘기였다. 그것뿐 아니라 수정이 아버지는 멍석을 만들 때도 창조적인 방법을 고안해서 시간을 절약했다고 하는데 우선 새끼를 꼴 때도 두 가닥 꼬는 기계를 사용하고 꼬아진 새끼를 옷감 짜듯 한 가닥씩 씨줄 날줄을 엮듯 만들었다는 얘기를 하였다.

익숙하지 않는 거라 이해를 다 했는지는 모르겠지만 또 어딘가에서 사용되는 방법인지도 알 수 없지만 당시 동네에서는 그리 한 이가 없던 지라 아버지의 창의성은 획기적인 방법이었던 것이 분명했단 얘기를 들려주었다. 여물을 쑬 때는 옥수수 대를 같이 넣고 끓이는데 그 냄새의 구수함이 엄청났었단 얘기에 집을 세 채 지은 얘기를 하는 수정이의 표정은 어릴 적 친구의 모습으로 돌아간 듯했다. 쉽지 않은 세월을 수정이 아버지와 어머니는 살아내시고 80이 넘은 지금까지도 농사를 짓고 계시는데 가끔 나도 수정이를 통해 아버지가 지으신 농산물을 얻어먹곤 한다.

이야기를 들려주는 수정이를 보는데 어릴 적 수정이와 수정이 아버지의 모습이 그려지고 있었다. 참새를 잡으려 긴 장대에 그물망을 걸기위해 이리저리 궁리를 하는 아버지 곁에 수정이와 수정이 동생은 신이 난 모습으로 신기하게 바라보고 있었을 것이다. 장대를 세우고 참새가 잡히길 기다릴 때 두 아이와 아버지는 숨을 죽이며 기다리고 있었을 것이고 여러 마리가 함께 잡힌 참새를 보며 고함을 지르고 참새 굽는 냄새가 나기 시작하자 군침을 흘리며 부엌으로 달려와 구워진 참새 한 쪽을 먹으며 눈은 또 다른 참새고기를 바라보았을 것이다. 어디선가 작은 새알을 주워 온 아버지는 아이들을 부르고 신이 난 아이들을 보며 넓적한 나뭇잎 위에 새알을 깨고 아궁이 가장 자리에 나뭇잎을 조심스럽게 들이밀 때 아이들의 눈은 커지고 아버지는 새알과 아이들을 연달아 바라보았을 것이다. 맑았던 흰자가 희게 익어갈 때 아이들은 소리를 치고 아버지는 노른자가 익자 작은 새알 프라이를 아이들 입에 돌아가며 넣어 주며 맛있게 먹는 아이들을 바라봤을 것이다. 아버지는 그때 어떤 마음이었을까?

  수정이에게 새알은 부모님도 드셨나 물어보니 달걀과 다르게 새알은 작아 동생과 자기만 먹었다 했다. 설이와 주말에 지내다 보면 먹을 것을 해 주게 되는데 설이는 가끔 엄마가 먹여 달라는 얘기를 꺼낼 때가 있다. 나는 그러면 마치 애기에게 주듯 숟가락에 음식을 떠서 후후 불어 비행기가 날아가는 것처럼, 꽃밭에 나비가 앉는 것처럼 소리를 내고 흉내를 내며 밥을 먹여준다. 그리고 오물거리며 먹는 설이에게 뽀뽀를 해 준다. 그럴 때의 설이 표정을 보는 내가 느끼는 감정은 표현하기 어려울 정도로 넘치게 되는데 수정이 얘기를 들으며 수정이 아버지가 느꼈을 감정이 이렇지 않았을까 하는 생각을 하게 되었다. 무엇을 해 줘도 아깝지 않고 무엇이라도 해 주고만 싶은 그런 부모의 마음.
  나는 아버지의 부재가 무엇을 뜻하는지도 모를 만큼 어릴 적부터 엄마와만 살았다. 아버지란 존재가 주는 의미도 역할은 생각지도 못했고 혹시라도 '아비 없는 자식'이란 말을 들을까 함부로 행동하지 않으며 자랐다. 대학교 1학년 때 교양으로 들은 사회학에서 부모의 존재를 배우게 되었는데 '아버지'의 역할과 자식에게 주는 의미를 배우게 되었다. 그날 나는 처음으로 아버지 없이 자란 내가 필연적으로 가질 수밖에 없는 결핍을 알게 되었다. 교수님께 다른 노력들로 채울 수는 없냐고, 어머니의 사랑과 관심이 아버지의 부재의 결핍을 채울 수는 없냐고 물은 기억이 있는데 교수님의 대답은 단호했다. '없다!'였다. 그 무엇으로도 안 된다고 했다. 대체가 없다는 것이었다. 그날 나는 충격을 받았고 며칠 간 많이 아팠다.

   결핍을 알게 된 20살의 청년은 유아기, 아동기, 청소년기를 큰 문제없이 자라왔다고 여긴 청년은 그 날 근간이 흔들리는 혼란을 맞게 된 것이었다. 그 이후로 아주 긴 시간이 흘렀음에도 나는 이 문제만큼은 아직 자유롭질 못하다. 가끔 아프고 가끔 그립고 가끔 화도 난다. 친구들도 인정을 할 만큼 다른 사람을 부러워도 않고 큰 관심도 없는 나지만 혼자만 아는 나의 결핍은 '아버지'이다. 아버지가 계시면 뭘 그리 크게 하고 싶은 것이 있는 것도 아니고 자라며 아버지와 큰 추억을 가지길 소망하는 것도 없이 그냥 일상을 나보다 큰 어른이 나보다 나를 더 잘 알고 사랑하는 큰 어른과 소소한 일상을 나누는 시간을 나누고 싶을 뿐이다.

 어릴 적 다니던 교회의 목사님이 사택에서 밥을 먹을 때 말도 없고 다정하지도 않은 분이 슬며시 아들 앞으로 반찬을 밀어주던 것을 본 적이 있다. 40년 가까이 된 그 기억이 아직도 또렷하다. 반찬 하나 밀어주는 모습이 큰 산이 움직이는 것처럼 보였다. 뒷집 목사님과 텃밭에서 짧은 얘기를 나누거나 텃밭 손 볼 곳을 도와드릴 때가 있다. 별 말 없이 일만 하거나 10분도 안 되는 시간의 얘기를 나눌 뿐임에도 그 시간이 내겐 풍성한 시간으로 변해 버린다.

 이런 소소한 일의 기억은 내 아버지와의 일상을 상상하게 한다. 내 아버지가 나의 유년기와 청소년기와 청년기 그리고 지금을 동행하셨더라면 지금보단 조금 더 성장한 사람이 되어 있진 않을까 하는 생각을 하는데 낭만적인 바람일 수도 있다. 여하튼 나무 냄새에 취하고 수정이 얘기에 취했던 날 유년의 수정이 아버지는 내겐 존재하지 않았던 아버지를 떠 올리게 했다. 여전히 대학 1학년 사회학 시간의 충격은 내게 잔상처럼 남아있지만 내가 바꿀 수도 없는 일인데 어쩌란 말이냐 하는 생각도 들고 아쉬움이 결과를 바꿀 수는 없으니 이 세상의 삶이 내게 준 역할, 아버지 잃은 딸의 궁핍이 또 다른 삶의 건강함으로 채워지는 인생도 근사할 수 있단 기대를 하며 나름의 당위를 찾는 삶을 살아가고 있었다. 허전함은 있었지만 그러려니 하며 살던 삶이었는데 근래 들어 아쉬움이 생기는 것을 보니 나이가 들어가긴 들어가긴 하는 것 같다.

큰어머니

 어릴 적 홍업 큰집은 시골집이란 생경함도 있었지만 모든 것이 편하지 않는 어려운 곳이었다. 말이 없으신 큰아버지는 명절에 가족들이 모이면 또래의 아이들을 불러 받아쓰기를 시키고 공부하라는 말씀을 하셨다. 그 기억이 큰아버지에 대한 기억의 전부다.

 큰집에서 큰 목소리를 내는 분은 큰어머니셨고 큰어머니는 집안의 사령관이 되어 모든 가족과 가축을 호령하고 명령하시는 분이셨다. 새벽이면 뜨거워지는 아랫목을 피해 윗목으로 올라가다 보면 방 밖에서 큰어머니의 쩌렁쩌렁한 소리가 들려왔다. 아직도 기억이 나는데 누군가가 큰어머니께 혼이 나는 소리였다. 아침부터 도대체 누굴까 하고 목소리를 쫓아가 보면 소여물을 주며 소들에게 하는 소리였다.

"야! 이년아! 너만 처먹으면 되냐? 나눠 먹어야지!!!"

"야! 이 바보 같은 년아! 너는 네 것도 뺏기냐? 네 건 네가 먹어야지!"

소뿐 아니라 집에서 키우는 모든 가축에게 아침마다, 먹이를 줄 때마다 큰어머니는 큰 소리를 내셨다. 어린 나는 이런 큰어머니가 제일 무서웠다. 지금도 한 장 남아있는 사진을 보면 어머니는 호랑이 상이신 분인데 거기에 소리까지 크시니 그 앞에 서면 저절로 움츠러들기 일쑤였다.

엄마가 잠시 큰집에 데려다 놓은 적이 있었다. 사촌 언니들은 이런 내게 눈치를 주고 나는 언니들 틈에서 자주 서러웠다. 어느 날엔가 아욱죽을 쑨 큰어머니는 죽이 뜨거워 잘 먹질 못하자 내게도 소에게 하던 대로 빨리빨리 처먹으라고 소리를 지르셨다. 그 소리에 눈물이 나는 것을 참으며 혀 천장을 데어가며 죽을 홀홀 넘기던 기억은 한참을 아프게 했다. 그리고 그 기억이 더 이상 아프지 않을 때 그냥 웃으며 얘기할 수 있어지자 아욱도 먹을 수 있었다.

사촌 언니들도 큰어머니의 호령에서 자유로울 수 없었는데 밤이면 호야라 불리던 등불을 켜 놓았었다. 다음 날이면 호야는 까만 그을음이 가득이었는데 호야 닦는 일은 언니들의 몫이었다. 언니들은 냇가로 가져가 호야를 닦았는데 냇물에는 거머리가 많았다. 언니들은 징그러운 거머리를 피하려 엉거주춤 선 채로 닦고 물리는 날엔 소리를 지르며 떼어냈는데 떼어낸 자리에선 피가 나고 흐르는 피는 언니들의 다리를 적셨다. 지금 생각으론 집에서 씻게 하던가 아니면 어른들이나 오빠들이 했으면 나았을 것 같은데 큰어머니는 언니들에게 꼭 그 일을 시키고 언니들은 소리를 지르며 호야를 닦던 기억이 있다. 구경만 해도 징그러운 거머리를 언니들은 매일 만나야 했다.

나는 큰어머니가 정말 무섭고 싫었다. 내겐 저승사자 같았다. 잠시 나를 큰집에 맡긴 엄마도 싫고 명절에 큰집에 가는 것도 싫었다. 이러다가 어느 해 겨울밤에 큰집에서 잘 일이 있었는데 그날 밤 큰어머니는 애들 몇이 모여 자던 작은방에 들어오셨다. 지금 생각하면 나보단 큰어머니의 손자들도 있었으니 그 아이들을 챙겨주신 것 같은데 그날 화롯불에 팬을 올려 들기름인지 참기름인지를 둘러 떡국떡을 구워주시고 시원한 고구마를 깎아 주신 적이 있었다. 그날의 큰어머니는 그냥 인자한 할머니셨다. 그 이후부터 무섭기만 한 큰어머니가 아닌 어렵지만 무섭진 않은 큰어머니가 되셨다.

  큰집엔 큰어머니와 함께 살던 큰집 큰 새언니도 있었다. 큰집 오빠는 이미 다른 지방 어딘가에서 다른 여자와 살고 있었고 언니는 아이들과 부모님을 모시고 그 시골에 살고 있었다. 지금도 오빠들과 예전 얘기를 할 때 큰 새언니를 얘기하는데 언니는 내가 아는 사람 중 가장 착한 이였다. 나는 큰 새언니가 너무나 푸근해서 냉정하기도 했던 엄마랑 바뀌었으면 하는 소원을 아주 가끔 빌 때도 있었다. 서러웠을 언니의 삶인데 언니는 늘 웃고 따뜻했다. 내게 늘 '애기씨'라 불러주던 언니. 큰어머니가 돌아가시고 한참 뒤 언니가 집안의 어른으로 된 때 큰집에 가게 됐는데 그곳에서 큰어머니와 같은 모습의 언니를 만나게 되었다. 큰어머니처럼 언니도 소여물을 주며 닭에게 모이를 주며 이년 저년을 외치고 있었는데 언니의 모습은 큰어머니의 모습과 닮아 있었다. 따뜻하고 정 가득한 모습은 여전했지만 큰어머니의 큰소리는 새언니의 큰소리로 채워지고 있었다.

  이미 변해버리고 모두 떠나버린 그 전 큰집의 모습은 찾아볼 수 없는 흥업 큰집 근처를 지나면 지금도 생각이 난다. 작은 냇물에서 호야를 씻던 사촌 언니들과 추수 끝낸 들판 가득했던 벼 낟가리와 한참을 걸어가야 했던 시골의 작은 점방. 그리고 호랑이 같던 큰어머니와 누구보다 따뜻했던 새언니……. 아욱죽을 먹을 땐 소리를 치신 것도 생각해 보면 서러운 일도 아니란 것도 나이 들어 알게 되었다. 큰어머니는 누구에게나 호령하던 분이셨으니…… 큰어머니의 호령에 혼나지 않은 이는 내 기억엔 한 명도 없었다. 사촌 언니 오빠들, 나, 우리 엄마, 아들의 행동에 미안함이 앞설 것 같은데 전혀 아랑곳 않게 대했던 새언니, 그리고 큰아버지까지 매일 누군가는 혼이 났다.

들과 밭에서 그리고 집에서 일만 하셨던 큰어머니는 어쩌면 큰소리를 내야 숨을 쉴 수 있었던 것은 아닐까 하는 생각도 한다. 고된 삶에 조용하고 차분한 삶을 살기는 쉽지 않았을 테니……. 문득, 큰어머니의 소녀 때의 모습을 보고 싶어지는데 '동백꽃'의 점순이 같았을까? '소나기'의 소녀 같았을까? 아니면 '봄봄'의 점순이 같았을까? 바람이 살살 불어오는 나른한 날엔 큰어머니와 비가 조용히 내리는 고요한 날엔 새언니와 두 분의 이야기를 듣고 싶어진다.

2장

더불어 함께

더위 탓으로 돌릴 수도 있다

덥기도 하고 습하기도 한 날 때문이라고 슬쩍 핑계를 대 보지만 그건 핑계일 뿐이고…… 너무 많은 말과 생각이 피로감을 주고 있다는 것이 핑계거리를 찾은 면피(免避)가 아닌 결론이다. 초등학교 1학년 때 어느 날인가 주전자를 들고 가다 물을 흘린 적이 있었다. 아마 주번이었던 날일 텐데 지금과 다르게 1학년일지라도 청소도 하고 주번들은 주전자에 물도 떠 오고 그랬었다. 물을 몇 방울 흘리고 교실에 들어갔는데 그걸 담임 선생님이 보셨다.

당시에 잘 사는 집 애들과 그렇지 않은 아이들을 차별을 많이 하는 40대 여자 선생님이었는데 물을 흘린 것을 보더니 정말 쥐 잡듯이 혼을 내는데 여덟 살짜리 아이에게 그럴 일인가 싶을 정도였다. 던져 준 걸레를 들고 복도에 흘린 물을 닦으며 무서움과 수치를 느꼈던 기억이 있다.

  이 얘기를 들은 엄마는 며칠 뒤 액자 하나를 싸서 선생님 집으로 가져다 드렸다. 돈이 아닌 액자였고 작품을 볼 안목이 있을 리 없는 이에게 그림은 '개 발에 편자'였을 것이 분명함에도 엄마는 그러면 좀 나아질까 싶은 생각이 들었으리란 여겨진다. 여하튼 이런 이유의 일들을 겪으며 그잖아도 말이 그리 많지 않던 나는 더 말이 적어졌다. 출석을 부를 때 답을 해야 할 때조차 큰 소리를 내지 않는 저학년 시절을 보내게 되었다.

  1학년 담임선생님의 탓이라기 보단 내 성향이 그런 사람일 뿐이라고 생각을 하면서도 여덟 살 아이에게 굳이 그렇게 까지 해야 했나하는 원망이 생기는 것도 사실이다. 고학년이 되어 운동을 시작하며 성격이 그 전과는 달라졌지만 혼자 큰 이유인지 성향인지 혼자인 시간이, 조용한 시간이 여전히 더 좋았다.

  친구들과 어울림도 많아지면서 저학년 때의 조용함은 사라지고 활발하고 거침없는 성격으로 변해갔다. 스스로도 활발한 사람이 되었다는 생각이 들 정도로 친구들과도 잘 어울리고 사람들 앞에 서는 것 자체도 즐기는 사람으로 변해버렸다.

처음 본 이들에게도 아무 스스럼없이 다가가고 오랜만에 본 이들과도 어제 본 듯 친근하게 대하며 누구보다도 사교적이고 거침없이 사람을 대하는 사람으로 변한 것이다. 어릴 적의 내 모습은 전혀 찾아볼 수 없는 나를 보며 스스로에게도 신기할 정도로 변했다고 여겼는데 사람은 완전하게 변할 수 없단 생각이 든 것이 사람과의 관계 속에서 어느 날부터인지 맞지 않은 옷을 입은 듯 불편하기 시작했다.

나는 여전히 나이고 활발하고 거침없는 모습이지만 돌아서면 불편하다는 것을 자각하게 된 것이었다. 말이 없이 조용하게 있는 것이 더 편하다는 것을 나이가 들어가며 제대로 알게 되자 낯이 가려지기 시작했다. 사람을 판단하고 경중을 따지며 낯을 가리는 것이 아닌 오래된 편한 이와 낯선 이와의 불편함, 마음을 내보여도 되는 이와 닫아야 하는 이를 만날 때의 판단…… 이런 것들이 생기게 되고 그러다 보니 사람과의 만남도 불편한 관계에서 만나는 것을 피하게 되었다. 기준이 정해지면서 마음을 불편하게 하는 이들과의 만남도 점점 줄여 나갔다.

사람들과 만나며 받는 불편함보단 혼자인 시간이 주는 편함을 즐기는 시간이 많아지자 이번엔 편하게 지내던 이들과의 만남의 시간도 줄어나가게 되었다. 여자들은 수다를 떨다 보면 마음속 쌓였던 응어리들이 풀린다 하는데 나는 그것보단 말이 너무 많았단 자책이 생기고 쓸데없이 자기를 너무 드러냈단 것에 불편한 마음이 강해졌다. 조용히 있으면 되었을 것을 긁어 부스럼을 만들었단 생각이 들어오면 그 생각 때문에 몇 날 며칠 마음이 시끄러우니 이 상황조차 만들지 말자는 생각이 들었다. 그런 생각이 들어오면 혼자만의 시간 속으로 들어가는데 나는 나름의 방법을 찾은 것이지만 함께 하던 이들에겐 마음을 상할 수도 있는 일인데 내 불편함만 본 나는 다른 이의 상한 마음을 미처 헤아리지 못할 때가 많았다. 그러다 보니 관계가 소원해지기도 하고 때로는 관계가 끊어지기도 했다. 나이가 들어가며 이런 나를 조금 알게 되자 이런 내 모습을 개선하려 노력도 하는데 좀 나아졌다 싶다가도 어느 순간 관계에서 피곤이 몰려오면 참지 못하고 다시 혼자만의 동굴 속으로 들어가게 되었다.

지난 몇 주간 여러 말을 듣고 하던 나는 조금씩 예전의 습관들이 되살아나는 것을 느낄 수가 있었다. 피곤해지고 혼자 있고 싶고 조용히 있고 싶어졌다. 여행을 다녀오면 나아질까? 당분간 사람들을 안 만나면 나아질까? 생각 중인데 답은 아직 모르겠다. 시간이 지나면 좀 나아지긴 하겠지만 천성이 이러니 또다시 같은 상황이 오면 같은 행동을 할 텐데 이런 나로 인해 불편한 이들이 생긴다면 그것도 곤란할 것 같고…….

답이 나지 않은 이런 상황들과 이런 내 모습을 생각하다 억지로 내어놓은 핑계가 '올해 여름 너무 더웠다'는 거였다. 올해 여름은 정말 더웠다. 기억나는 가장 더운 날이 2018년도였는데 올해도 그 해만큼 더운 여름이었다. 에어컨 나오는 학원에서의 낮 시간은 그나마 괜찮지만 밤이 문제였다. 이동식 에어컨은 너무 시끄럽고 후배의 선물도 괜찮다며 거절한 터에 무엇보다 혼자 사는 이가 더구나 조용하고 시원한 동네에 사는 이가 여름이 더운 것은 당연하다며 호기를 부렸기에 힘들단 얘기도 크게 못 하고 더운 여름밤을 보내려니 잠도 오질 않고 잠을 못 자니 낮엔 힘이 들고 그런 여름을 보내게 된 것이다. 사람이 너무 편하면 게을러진다는 생각으로 버티려 한 것이 더 큰 게으름을 피우게 만들었다.

이 게으름은 생각으로, 마음으로 이어졌는지 사람들과의 시간이 버거워지기 시작했다. 생각은 본성대로 날카로워지고 지키지 않는 마음은 정리되지 않고 엉켜버렸다. 그래서 혼자만의 시간을 소망하게 되었을 수도 있다.

피곤하게 보일 수도 있으나 나는 생각과 마음은 지키고 살피며 살아야 한다고 생각한다. 사람에게서 나오는 생각은 지키지 않으며 본성대로 흘러가는데 본성의 대부분은 선한 것이 별로 없는 것이 문제이고 마음도 돌이키지 않으며 마음이 원하는 대로 행동이 따라오는데 마음의 본성 또한 그리 선한 것이 없다는 것이 사람의 본모습이라고 생각하고 있다. '사촌이 땅을 사면 배가 아프다' '자기를 부인하고' 속담과 성경이 말하는 인간의 본성이 이러한데 지키지 않고 살피지 않으며 본성대로 배가 아프고 때로는 짐승만도 못한 삶을 살게 되지 않을까? 하는 생각을 하며 살지만 쉽지 않다.

뉴스에서 나오는 말도 안 되는 사건들을 보며 가슴이 아프고 누군가의 삶을 파괴한 이들이 내어놓는 자신도 아프다는 말들에 분노가 생길 때도 있다. 그러면서 이어지는 생각은 나도 혹시 누군가의 마음에 내가 아프다는 이유를 대며 상처를 내고 있지는 않은지 생각을 해 보는 것이다. 그리고 그러는 사이 내가 나를 상처를 주고 있지는 않는지 스스로 점검을 하기도 한다. 말에 가시가 보이고 좁은 마음이 더 좁아져 갈 땐 말도 마음도 쉬는 시간을 줘야 한다.

온갖 것으로 가득 찬 생각도 멈추고 좁은데 더 좁아진 마음도 저절로 펴지게 좀 가만히 놔두고 말도 억지로 짜내다 나올 것이 없어 가시가 나온다 생각하고 채우는 시간을 줘야 한다. 그 시간에 나는 눈과 귀로 그리고 몸으로 받아들일 좋은 것들과 보러 다니고 들으러 다니고 느끼러 다니면 뭘 하지 않아도 좁아진 마음은 펴지고 가시도 뽑히는 것을 경험하게 된다.

올해 여름 너무 더웠단 핑계를 대며 더우니 사람과 사람 사이도 바람이 지나갈 길 하나 내어두면 좋을 것이란 생각도 하게 되는 것이다. 사람도 생각도, 말도, 행동도 촘촘히 하는 것보다 느슨하게 해 보잔 마음을 먹는데 연습을 하다 보면 익숙해지고 습관으로 굳어지리라 여겨진다. 더운 날의 뜨거운 길이 선선한 길로 바뀌고 추운 날의 찬바람 길이 온기 가득한 길로 바뀌어 가듯 은백색으로 변할 은파의 시간을 맞이한다면 다가올 노년의 삶도 참으로 근사하지 않을까?

더위 탓으로 돌리기엔 한계가 있는 나잇값을 해야 할 시간이 다가오는 것이 점점 크게 느껴진다. 핑계를 댈 이유를 찾기 전에 핑곗거리를 없애 봐야 할 텐데 얼마나 가능할지……. 삶에서도 깨어있으라 하시는 내가 주인 삶은 분의 음성을 들으며 삶을 나아가고 싶다.

마음을 움직이려면

　어려서 고기를 먹고 체한 건지 아니면 자주 먹질 않아서인지 아니면 고기 먹는 것에 심리적인 상처가 있어서인지 지금까지도 땅에서 나는 고기를 먹질 않는다. 장조림은 조금씩 먹었다는데 어느 날부터인지 장조림 먹는 것조차 거부를 하더란 얘기를 엄마가 들려주었다. 엄마는 이런 나 때문에 음식을 하실 때에는 냄비도 따로 국자도 따로 사용하는 번거로움을 감수하셔야 했다.

　큰 집에서 행사가 있는 날 이런 나를 큰어머니가 부르시더니 비계가 가득한 돼지고기 수육을 먹으라고 하셨다. 먹지 못한다고 싫다고 하는 내게 소나 닭에게 하듯 버럭 소리를 지르시더니 입안에 욱여넣었는데 비계가 물컹거리며 씹히던 기억과 냄새는 지금도 아찔하게 남아있다. 며칠간 아파서 일어나지도 못하고 먹지도 못한 채 지난 후엔 전보다 더 고기에 대한 거부감이 생기게 되었다. 초등학교 때 운동부 아이들에게 삼겹살을 구워준 적이 있었다. 이날에도 학교에서 제일 무서웠던 여선생님이 계셨는데 고기를 먹지 못한다는 내게 그런 게 어디 있냐며 억지로 입에 고기를 넣은 일이 있었다. 그날 이후에도 며칠간 또 아파야 했다. 이런 기억 때문인지 그나마 조금 먹던 것들도 거부하고 지금까지 이어지고 있다.

학교를 졸업하며 학원에서 학생들을 가르치는 일을 시작했다. 특별한 꿈을 꾸지 않았던 사람이 우연히 만나게 된 일을 하게 된 그런 경우였다. 내가 이 일을 하며 살 것이란 생각을 하지 않았음에도 일을 시작하자 조금씩 일의 재미가 생겼다. 아이들에 별 관심이 없었는데 매일 만나다 보니 아주 매력적인 집단이 아이들임을 알게 되었다. 교회에서도 교회학교 교사를 하다 보니 하루도 빠짐없이 청소년들과 청년들을 만나는 시간을 보내게 되었다.

처음 만나게 되는 청소년들을 어떻게 대하면 되는지 알 수가 없었다. 시중에 나와 있는 청소년 관련 서적을 사서 무작정 읽기 시작했다. 아이들의 행동 심리를 알아야 이해를 할 수 있다고 여겼는데 처음 만나는 집단이 청소년이라 더 긴장한 것도 있어서였다. 그러나 책을 통해서는 쉽게 이해가 되질 않았다. 그냥 몇 년간 무조건 참아내다 보니 어느새 아이들의 마음을 알게 되는 시간이 왔다. 청소년을 만나다 청년들과도 만나고 몇 년간은 소년원에 다니며 아이들을 만나기 시작했다. 친구들과 만나는 것보다 가족들과 함께 있는 것보다 철없는 어른이 되어 학생들과, 청년들과 있는 것이 제일 즐거웠다. 내 친구도 아이들과 함께 있을 때, 아이들 얘기를 할 때 가장 빛이 난다고 할 정도로 이들에게 빠져 있었다.

이들과 만나면서 내가 늘 염두에 둔 것은 선생이라 불린다고 해서 선생처럼 굴지 말자는 것이었다. 큰어머니나 여선생님의 강압에 의한 복종이 주는 아픔이 내겐 굴욕으로 남아 있었기 때문이었다. 이미 지나간 얘기로 두 분을 폄하하고자 함이 아니다. 두 분의 행동도 이해가 되지 않는 것은 아니다. 그러나 혹시 누군가를 위한다고 한 나의 행동이 상대방을 다치게 한다면 그것이 무엇이든 행하지 않아야 한다고 생각한다.

소년원을 나온 아이들에게 옷을 사주려 하면 거의 대부분의 아이들은 상표가 있는 비싼 옷을 요구한다. 그것이 자존감의 문제라 나는 생각하지만 그렇다고 아이들에게 그것을 얘기하고 이해시키며 다른 것을 권유하지 않는다. 몇 마디의 말이 그들의 자존감을 회복시키지 못할뿐더러 태도의 변화를 일으키기도 어렵다는 것을 알기 때문이다. 오히려 웃 하나로 아이들을 더 다치게 할 수 있고 안하느니만 못한 결과가 나올 수 있기 때문이다.

아이들의 마음의 결핍이 채워지고 자신에 대한 당당함이 생기면 그때 얘기는 건네 볼 수 있지만 당시의 아이들에겐 어떤 바른말도 영향을 줄 수 없다는 것을 알기에 어른들이 들려주고 싶어 하는 얘기는 꺼내진 않았다. 이들뿐 아니라 지금껏 만난 많은 아이들에게도 이해를 돕는 말이나 어른이 당연히 해야 할 말들은 해 주지만 훈계하고 행동 습관에 대한 요구나 억압하는 말과 행동은 하지 않으려 노력하고 있다.

근사한 어른처럼 보이고 싶어서가 아니다. 내가 어린 시절과 중 고등시절, 청년시절을 보내며 얼마나 많은 좋은 말들을 들었을까? 그러나 지금 내 안에 살아있는 그때의 좋은 말은 거의 남아 있질 않다. 성장기의 내가 그저 그런 아이여서 그럴 수도 있지만 그저 그런 아이였을지라도 그 아이를 움직인 말을 듣지 못해서였을 수도 있겠다 여겨지기 때문이다.

학생들과 수업을 하다 가끔 다른 얘기를 꺼낼 때가 있다. 무엇을 전공하고 싶은지부터 시작해 이성 친구에 관한 것, 친구

관계, 요즘 보는 책이나 하고 있는 게임 등 많은 것들을 나누는 데 가끔 나는 아이들에게 어떻게 살아가야 하는 것인지에 대한 물음을 묻곤 한다. 무엇을 하며 돈을 벌고 어떤 곳에서 어떤 이들과 만나서 살고 싶은지를 묻는 것이 아니라 아이들이 살아갈 삶의 가치를 무엇에 두고 살 것인가에 대한 물음을 물을 때가 있다. 어렵다고도 하고 눈만 껌뻑이기도 하지만 그러면서 시작하는 내가 가지고 있는 가치에 대한 얘기를 들려주면 아주 진지하게 변해가며 지겨운 얘기가 아닌 듣고 싶은 얘기가 되는 얼굴로 변해간다.

10대에 읽은 '데미안', '좁은 문'을 읽고 나서의 감동을 얘기하고 한국 단편 문학 속 아름다운 언어들을 들려주기도 하고 '월든'을 통해 삶이 흔들린 경험을 얘기해 주기도 하고 에릭 프롬의 '소유냐 존재냐'에 대한 얘기를 꺼내기도 한다. 수학을 배울 시간에 문학을 얘기하고 때론 철학을 얘기하니 아이들은 이 시간이 오면 본 수업보다 더 집중하는 모습을 보여준다. 그리고 그 시간을 잠시 보내고 난 뒤 진행되는 수업은 제법 진지하게 변하는데 의도하지 않았음에도 몇 번이나 이런 경험을 할 수 있었다.

어려서부터 고기를 먹는 것에 대한 기억이 고통스러운 것이 아니었다면 지금 조금 달라지지 않았을지도 모른다고 생각된다. 내가 만나는 친구들이 나의 강압으로 자기가 해야 할 일을 하게 되는 일도 아주 빈번하게 일어났을 것이다. 가끔 예로 드는 이야기가 있는데 이솝 우화 〈해님과 바람〉이다.

  나그네의 코드를 벗긴 것은 센 바람이 아닌 따뜻한 햇빛인 것처럼 사람의 마음을 움직이고 사람을 성장 시키는 것은 사람을 사람답게 봐주고 그의 가치를 발견하게 도와주는 것이다. 학생들뿐 아니라 아직 어린 설이를 대할 때도 설이는 어른인 내가 어떻게 자기를 대하느냐에 따라 행동과 말이 바뀌는 것을 볼 수 있다. 큰어머니가 조금만 친절하게 고기를 먹게 하셨더라면 선생님이 운동하는 아이에게 고기가 주는 유익을 얘기해주며 고기를 줬더라면 보는 것조차 힘들어할 정도의 거부감까지 생기지 않았을 텐데…….

  얼마 뒤에 시작하는 시험을 준비하며 마음먹은 것과 달리 강한 어조와 혼을 내가며 시험을 준비시킬 수도 있다. 나를 조금 아는 우리의 아이들이 시험 때이니 한 번 봐줘야지 하는 마음으로 나를 대해주길 바라며 마음과 행동의 차이를 좁히는 시험 기간이길 소망한다.

노트북 가방

동료인 장 선생님과 점심 약속을 하고 기다리고 있었다. 잠깐 안에서 기다리라던 선생님이 쇼핑백에서 무엇인가를 쓱 꺼내더니 선물이란다. 분홍색의 고운 노트북 가방이었다. 노트북 가방을 마련할 생각도 못 한 채 쇼핑백에 넣고 다녔는데 그걸 본 선생님이 가방을 준비한 것이었다. 매일 들고 다니면서도 나는 생각을 안 하고 있었는데 선생님은 가방을 보고 있던 거였다. 글 쓰는 일이 많을 텐데 잘 담아 다니라는 선생님의 말에 가방 자체도 고마웠지만 지켜보고 생각해 준 마음이 고마웠다. 메모할 노트도 넣을 수 있는 가방은 참으로 요긴하게 쓰일 듯 보였다.

선물을 받을 기회가 생길 때가 있다. 이름 붙은 날엔 좀 많이 생기는데 올해 받은 선물 중 한 분은 메모에 감사 인사와 더불어 아이를 통해 들은 내 취향을 얘기하며 가장 좋아할 만한 것을 준비했다는 글을 덧붙였다. 과정이 있는 인사였다. 누군가에게 인사할 일이 생길 때 나도 또한 취향을 고려해서 상대방의 선물을 고르곤 하는데 그 마음을 알아줄 때 기쁜 마음이 배가 되기도 한다.

 앞 반 장 선생님은 스쳐 지날 수 있는 것들에 의미를 둔 것이다. 나를 보며 글 쓰는 것들을 얼마나 즐거워하는가를 본 것이고 작은 성과를 이루었을 때 기뻐한 것을 본 것이고 앞으로 내가 하고 싶어 하는 것들을 본 것이다. 선물 하나에 의미 부여가 너무 거창한 듯 보이나 내겐 과거, 현재, 미래를 함께 기뻐하는 동료가 생긴 듯 기쁨이 배가 되었다

 조금 전 이 글을 쓰기 위해 노트북 가방을 열고 노트북을 꺼냈다. 나의 글도 작지만 마음을 알아주는 글이 되길 소망하게 된다. 작은 미소가 퍼지고 작은 어루만짐에 따뜻함이 느껴진다면 그보다 행복한 순간이 있을까? 하는 바람을 갖게 된다. 소소한 바람이 땀을 마르게 하고 따뜻한 햇살이 눈을 녹게 한다는 것을 매일 기억할 수 있길…….

시금치

텃밭을 시작하려고 했을 때 꼭 키우고 싶던 두 가지가 있었다. 하나는 미나리고 다른 하나는 시금치였다. 땅을 파고 비닐을 깐 뒤 다시 흙을 덮어 미나리 밭을 만들었다. 모종을 심고 시간 날 때마다 물을 주자 미나리 밭에선 성공적으로 미나리가 자라나기 시작했다. 성공에 취해 이번엔 시금치 밭에 도전을 해 봤다. 어렵지 않다는 얘기를 듣고 텃밭 옆에 조그마한 밭을 따로 만들었다. 두둑을 돋우고 땅심에 좋다는 거름도 잔뜩 해 놓고 며칠을 기다렸다 씨를 뿌렸다. 남는 씨는 곤드레를 심은 옆에 아무렇게나 뿌려 놓았다. 다른 것들은 모종을 심어서 바로 보였는데 씨를 심은 시금치 밭은 한동안 그냥 흙이었다.

매일 아침 나가 보는데 어느 날부터인가 곤드레 옆에서 작은 싹이 돋아나고 있었다. 열심히 일구고 거름을 준 밭은 여전히 조용하고 그냥 휙 뿌려 놓은 곤드레 옆에선 싹들이 나는 것이었다. 다시 며칠이 지나고 밭에서도 드문드문 싹이 나왔다. 싹이 나오자 곧 풍성한 시금치 밭을 볼 수 있겠단 생각에 신이 났다. 곤드레 옆 시금치들은 하루가 다르게 쑥쑥 자라나기에 뒤따라 밭의 시금치도 쑥쑥 자라나리라 기대하며 지켜보는데 거기까지였다. 밭의 시금치는 몇 개 싹을 보인 게 다였고 나온 시금치도 단단하게 자라나질 않았다.

친구에게 얘기를 했더니 아마 거름이 너무 강했을 거라고 했다. 친구 얘기들 듣다 그게 아니면 시금치가 원하는 성분의 거름이 아닐 수도 있겠단 생각도 했는데 모종 파는 곳에선 아무 데나 뿌려도 된다고 했지만 그분들도 봄에 모종 팔 때만 잠깐 일하시는 분들 같았으니 정확하지 않을 수도 있었을 거다.

정확한 필요가 채워지지 않을 때 혹은 너무 과하게 주어졌을 때 싹을 틔우지 못하는 시금치를 보며 사람의 삶이나 자연의 생명력이나 크게 다르지 않다는 생각을 하게 되었다. 적정선을 유지하며 산다는 일에 자주 실패하고 실패하고 나서야 깨닫게 되지만 그 순간엔 보이지 않는 것이 나처럼 우둔한 사람의 삶이다. 선택의 순간엔 최선의 것을 골랐다 생각되지만 시간이 지나면 그것이 최선의 선택이 아니었던 순간이 어디 한두 번뿐이었을까? 마음을 다해 정성을 들인 것에서 쓴맛을 보고 누군가의 정성을 읽지 못해 실패를 준 일은 또 얼마나 많았을까? 남길래 그냥 휙 뿌려놓은 시금치가 잘 자라는 모습을 보며 살면서도 이런 순간들이 사람을 키울 수도 있겠단 생각을 했다. 숨을 쉴 구멍을 만들어 가는 삶. 그냥 휙 던져보는 삶. 가득 채운 넘침보다 성긴 모자람이 시금치도 키우고 나도 키워 갈 수도 있으리란 것을 휙 뿌린 시금치 몇 알이 알려주었다.

  나는 다시 밭을 만들 예정이다. 골과 두둑 없이 편편하게 만들어 그 위에 시금치 씨앗을 휙 뿌리고 흙을 훌훌 덮을 생각이다. 햇빛과 바람은 자연이 줄 테고 비가 오지 않으면 아침마다 물이나 흠뻑 줄 요량인데 이번에도 실패할 수 있다. 실패하면 시금치를 키우는 법을 한 가지 더 배운 것일 테고 성공해서 시금치가 자란다면 나는 그것을 이 사람 저 사람과 나눠 먹을 생각이다.

  그리고 그들과 만날 때마다 시금치 얘기를 나눌 텐데 그때마다 아는 척을 좀 할 생각이다. 몇 번의 실패를 겪었으니 뭐 고정도의 아는 척은 해도 되지 않을까? 그러다 잘 아는 이를 만나게 되면 살짝 민망해하며 더 배우고 배운 것은 다음에 다시 실행하고.

 지금껏 살아오며 민망함은 명함조차 내밀지 못하는 실패가 몇 번이었을까? 그럼에도 예전 같진 않으나 여전히 실패를 그리 두려워하지 않는 삶을 살고 있으니 철이 덜 난 탓이기도 하고 이렇게 생겨먹은 이유이기도 하니 이것이 나답다고 여기며 살아가고 싶다. 하도 이것저것 하고 싶은 일들은 해 버리는 나를 보며 친구는 "너는 지치지도 않니?" 하는 말을 한 적이 있다. 지치기는커녕 지금도 하고 싶은 일이 한두 개가 아닌 것을 보면 내 친구는 나를 몰라도 한참 모른다.

 시를 쓰는 친구 황 병심과 나는 누구보다도 얇은 '팔랑 귀'를 가지고 있다. 옆에서 우리 둘을 보던 후배는 이렇게 얇디얇은 팔랑 귀는 처음 본다는 얘기를 할 정도로 내 친구 황 병심이나 나는 팔랑거리는데 어느 날인가 나는 이것이 무조건 부정의 뜻을 말을 가진 것은 아니란 것을 알게 되었다. 팔랑거리는 귀로 들은 이런저런 일들을 저지르다 보니 거기서 인생에서 정말 중요한 만남을 만나기도 하고 신 나는 일들도 경험해 가는 것을 보며 둘 중 하나가 초를 쳤으면 이룰 수 없었을 일들도 많다는 것을 알게 되었다. 굳이 따지자면 나보단 황 병심이가 조금 더 팔랑 귀이긴 하다. 그래서 나는 팔랑거리는 친구의 귀를 살짝 덮는 일을 요즘은 하고 있다. 그러면서도 혹시 덮다가 놓치는 일이 있을까 염려하는 것을 보면 내가 더 팔랑 귀일 수도 있다.

  올해 텃밭의 시금치를 먹진 못했다. 일찍 자라지 않은 이유도 있으나 시금치가 자라던 곳에 데크를 만들게 되어 시금치밭이 흙으로 메워진 것이 주된 이유이다. 내년 봄 다시 텃밭을 하게 되면 이번엔 시금치를 다시 한 번 키워 볼 생각이다. 땅도 잘 갈고 거름도 제대로 주고 씨앗을 뿌리는 시기도 잘 맞춰 뿌릴 텐데 이런 상상을 하며 이어지는 또 다른 기대는 어느새 짙은 초록의 시금치가 무성한 밭이 보인다는 것이다. 김칫국을 날마다 마시는 나는 이래서 매번 일을 저지르고 저지른다.

아이에게 배우는 어른

지난 토요일 줄넘기를 하자는 설이를 데리고 놀이터에 나갔다. 설이는 나가기 전에 함께 놀 친구들에게 약속을 하고 물을 챙기며 신이 나는 모습이었다. 아파트 놀이터가 몇 군데 있는데 친구들과 만나기로 한 놀이터는 조금 더 떨어진 곳에 있는 곳이어서 그쪽으로 가고 있는데 가까운 놀이터에서 놀던 아이들이 설이를 아는지 아는 체를 하는 것이었다. 그런데 설이 반응이 별로 반가워하질 않는 것 같아 물어보니 자기보다 한 살 위의 언니들이란다. 그러면서 이어지는 말이 언니들이랑 놀면 자기랑 얘기가 안 통해서 재미가 없다고 하는 거다. 뭐가 그리 안 통하냐고 물었더니 그냥 친구들이랑 놀 때는 재미있는데 언니들이랑은 같이 놀 때 서로 말이 안 통한다고, 언니들 말만 한다고 하길래 뭐가 재미가 없다는 것인지 짐작이 갔다. 친구들을 만난 설이는 한참을 노는데 가만히 보고 있자니 아이들도 노는 과정을 통해서도 얘기를 나누고 말다툼도 하고 거기에 중재자가 있고 사과도 하며 자기들만의 규칙을 갖고 노는 것을 보게 되었다.

자신이 원하는 바를 위해 고집을 부리고 화를 내고 짜증을 내는 마냥 아이인 모습만을 가진 아이가 아닌 토론을 하고 설득을 하고 설득을 당하며 아이는 아이들의 사회를 만들어 가고 있는 것이 보였다. 초등학교 1학년의 아이들이 모습은 지극히 합리적이고 민주적이었다.

토라지면 토라진 친구를 다독일 줄도 알고 새로운 친구가 오면 말을 건네며 함께할 줄도 알고 순서를 정해 놀이기구를 타고 서로 의견이 안 맞는 두 친구 사이를 조율도 하며 아이들은 자기들만의 규칙을 가지고 놀고 있는 것을 보며 아이들 사회가 어른들의 사회보다 건강하단 생각이 들었다.

아이들의 놀이에는 상식이 있고 공정이 있었다. 순서를 지킬 줄 알고 뒤처지는 아이도 크게 앞서는 아이도 없었다. 상대하기 편치 않은 조금 불편한 서너 살 위의 아이가 같이 놀기를 원할 때에도 여덟 살의 아이들은 마다하지 않고 배려를 하며 함께 노는 모습을 보는데 대견하고 신비로웠다.

오빠들이 있었지만 나이 차가 많이 나서 함께 자란 적이 거의 없었다. 엄마와 둘이 살았고 엄마는 늘 바쁜 분이었다. 혼자 있는 시간이 많다 보니 혼자 하는 것들에 익숙해져 버렸다. 책 읽기를 좋아한 것도 글을 쓰셨다는 아버지 영향도 있었겠지만 그보단 혼자 있는 시간에 할 일을 찾은 것이 아닌가 하는 생각도 든다. 청년의 시기에 엄마와 둘이던 시간이 혼자의 시간이 되어버렸다. 밖에 나가면 활발하기도 하고 바쁘게 지내지만 결국은 늘 혼자인 삶을 살아왔는데 환경의 혼자는 생각과 가치를 정함에도 영향을 준다는 것을 나는 나를 통해 경험하고 있다.

친구들과 함께 있는 시간이 즐거웠지만 길어지면 힘들어지고 누군가와 여행을 가는 것도 쉽지 않고 혹여 다툼이 있으면 맞서기보다 피하고 갈등이 생기면 참을 만큼 참다 결국은 단절하고 나와 다른 의견을 갖는 것에 대해 분노하고……. 30대에 누군가의 아집과 외골수의 모습을 본 후 조심하자 했지만 브레이크 없이 확장된 지금의 나는 생각도, 행동도 자기가 강할 때가 많음을 보게 된다. 스스로를 걱정하면서도 잘 바뀌질 않는데 그런 나를 다시 돌아보게 하는 것은 위대한 스승들의 말도, 친구들의 걱정 아닌 걱정도 있긴 하지만 가장 큰 지분은 아이들의 모습이다.

아이들과 수업을 하다 아이들의 태도로 인해 마음이 상할 때가 있다. 속상함으로 마음이 상해있을 때 그 마음을 건드리는 건 아이들이다. 속상한 순간을 아무것도 아닌 시간으로 만들어 버리기도 하고 마음을 상하게 한 아이의 태도를 이해시키기도 하며 어른의 마음을 아이들이 만져준다. 설이도 마찬가지인데 TV를 같이 보거나 친구들과 지낸 이야기를 하다 행동의 결론을 내야 할 때가 있다. 이럴 때 설이와 여러 가지 의견을 내며 이야기를 하는데 설이의 답과 나의 답을 가지고 토론 아닌 토론이 될 때가 많다. 여덟 살 아이는 마냥 고집을 피울 것 같지만 자기의 의견에 대한 이유를 밝히며 설득을 할 때도 있고 타당한 예를 들어 의견을 내며 설득을 당하기도 한다. 나는 아이의 이런 모습이 신기해 아이와의 의견을 나누는 시간을 즐겨하는데 아이의 말을 듣고 있자면 아이들에겐 선입견과 고착된 사고가 거의 없다는 것을 알게 된다. 다툼이 일어난 상대를 대할 때 화해를 했거나 문제에 대한 충돌이 없어졌더라도 상대방을 대하는 것이 전과 같진 않은 것이 내 모습인데 설이는 그렇질 않다. 친구와 다툼이 있고 얼마 후 화해를 하면 여전히 전과 같은 마음으로 친구를 대하는 설이를 보게 된다. 한 번은 친구와 다툰 얼마 뒤 다시 전처럼 친구를 대하는 설이에게 "싸우지 않았어?" 하고 물으니 "응 근데 화해했어"라는 말을 하기에 "그래도 좀 전에 싸웠는데 전처럼 대할 수 있어?" 하고 다시 물으니 "엄마! 이미 화해했잖아 그럼 괜찮은 거지!" 하며 어른인 나를 부끄럽게 하였다.

 누군가와 의견의 차이가 생길 때, 동의할 수 없는 강한 주장에, 듣기 불편한 말을 지속적으로 들을 때 설이처럼 분명하게 의사를 표현하고 감정을 털어내면 좋을 텐데 그걸 못한다.
 그렇게 감정의 골이 깊어지다 결국엔 관계가 끊어지곤 했는데 요즘 설이를 보면서 나도 설이처럼 하면 좋겠다는 생각이 든다. 혹시 다툴 일이 생기거나 맘에 들지 않으면 그 자리에서 얘기하고 상대방 얘기도 듣고 이해하고 그리고 나면 툭! 털어 버리고. 친구와 지낼 때나 어른들과의 관계에서 계산도 없고 주눅도 들지 않는 거침없는 설이 옆에서 설이와 지내다 보면 나도 그리될 수 있으려나? 설이와 싸우고 화해하고 놀다가 또 싸우고 하는 일이 주말에 내가 하는 일이니 주중에는 내 친구들과 그리 지내봐야겠다. 혹시 마음속에 상처가 생기면 설이가 위로해 주고 해결책을 제시해 줄 수도 있겠다는 생각이 여덟 살 아이에게서 보인다. 우리 설이…… 커서 뭐가 되려나?

북소리

 두 달은 된 것 같다. 오른쪽 옆구리에 조금씩 통증이 오더니 점점 더 심해져 갔다. 약을 먹으며 낫겠지 하며 조금만 참아보자 했는데 약을 먹어도 차도는 나아지질 않고 오히려 통증의 강도만 세어지길래 병원에 갔는데 병원에선 근육통이라며 약을 주었다. 병원에 간 거 자체가 반은 나은 듯 통증도 점차 사라지는 듯했다. 그러나 하루 이틀이 지나자 다시 통증은 시작되었다. 약을 먹으면 강도가 약해지다 시간이 지나면 다시 아프기 시작했다. 병원을 또 갔지만 여전히 근육통이란 얘기만 듣고 또 같은 처방전을 받아야 했다. 나아지겠지 하며 약을 먹었지만 몸은 점점 더 아파오고 약이 떨어진 주말 이틀은 눈물이 날 정도의 통증과 숨만 쉬어도 아플 정도의 통증이 지속적으로 오는데 몸이 아프니 아무것도 할 수가 없었다. 다른 병원에 가 볼까 했지만 전문의의 말인데 믿어보자 하고 갔는데 여전히 근육통이라 하고 정 걱정이 되면 큰 병원으로 가서 ct를 찍어보라며 소견서를 써 주었다. 며칠 약을 더 먹어보고 큰 병원을 가 볼 생각을 하고 있다.

　옆구리 통증이 시작되면서 통증은 옆구리에만 머무르질 않았다. 그 옆과 등으로도 이어지는데 아픔은 몸뿐 아니라 마음까지도 잠식을 해 갔다. 순간순간 이어지는 통증에 짜증을 내고 혹시나 큰 병으로 이어지면 어찌하나 하는 염려에 우울감이 생겨났다. 혼자 사는 이가 병에 걸렸을 때 가장 문제가 되는 것들이 무엇인가? 내가 당장 일을 할 수 없는 상황이 된다면 나는 어찌해야 하나? 여러 생각들이 꼬리를 물 듯 이어지고 이 생각은 결국 나의 삶의 끝은 비참할 것이란 극단의 생각으로 이어져 갔다. 두렵고 후회되고 한숨 나는 상황들은 마음을 잠식해 가고 그러다 보니 몸도 점점 더 아픈 것처럼 여겨졌다. 아무것도 아니란 생각을 하면서도 그때마다 잊지 않고 찾아오는 통증이 이 생각을 잊게 하였다. 마음을 좀 잡아보자 하지만 여전히 통증은 시작되고 두려움도 시작되고…….

나는 이런 문제로 힘들어질 것이란 생각을 해 본 적이 없다. 체력도 괜찮았고 상황을 이겨내는 정신력도 그다지 약하진 않다 여겼기에 아픈 이를 만나면 몸의 아픔이 마음으로 이어지지 않게 조심하란 얘기는 해 주면서도 그것이 내 것이 될 것이란 생각은 못한 것이다.

　활동적이고 외향적인 나를 보는 것은 타인의 시선이고 내가 보는 나는 썩 외향적이지도, 활동적이지도 않은 사람이다. 어려서부터 늘 혼자인 것이 익숙해서인지 혼자서 하는 일들이 편했다. 책읽기가 편했던 것도 혼자서 할 수 있는 일이었고 공상을 하는 일도 혼자만 할 수 있는 일이었다. 커서는 오빠를 따라 낚시를 다니면서 이것 또한 나에게 맞는 취미란 생각을 하게 되었다. 걷기 또한 누군가와 얘기를 나누며 걷기보단 혼자 걷는 것을 더 좋아하는데 사람의 소리도 좋으나 걸으며 듣게 되는 바람소리, 새소리, 냇물 흐르는 소리가 더 편한 소리로 들리는 탓이다. 이런저런 일을 겪으며 나는 나의 상황은 나만 겪고 있는 것이란 생각을 자주 하게 되었다. 책임도 내가 지는 것이고 해결도 내가 하는 것이었다. 엄마는 어려서부터 내가 내 일을 책임지게 하였던 것 같은데 지금 아이들을 교육하는 엄마들의 책임감 있는 아이로 자라나게 하려는 그런 교육적인 부분보단 고단한 엄마의 삶에 나란 존재를 알뜰히 보살필 여유가 없었던 것이 이유가 아닐까 싶다. 이유가 무엇이던 자라

길 이렇게 자랐고 커서도 혼자인 삶을 살아내며 모든 일은 결정도 책임도 혼자 감당하며 살아오고 있다.

몸도 마음도 지칠 때가 있고 아플 때가 있는데 나는 그때마다 나만의 방법으로 벗어났는데 쉬거나 나만의 고요한 곳으로 잠시 피해 있는 것이었다. 나를 오랫동안 봐 온 이들은 시간을 주면 다시 제자리로 돌아온다는 것을 알기에 기다려줬는데 이것도 젊을 때 얘기인지 아니면 만나지 얼마 되지 않은 이들이 생겨서인지 요즘은 이런저런 이야기를 많을 듣게 되었다. 늘 듣던 혼자니까 몸 잘 챙기라는 말부터 마음 주는 것도 정도를 지켜라, 너를 위한 쉬는 시간을 가져라 등. 고마우면서도 조금씩 그만했으면 좋겠다는 생각이 생겨나자 만남이 마냥 좋은 것만도 아니었다. 사람들은 타인에 대한 관심이 생기고 관계성이 생겨나면 그 사람의 삶의 방식에도 관여하고 싶은 것이 본능이란 생각이 든다. 건강에 대한 걱정이야 고맙기 그지없으나 삶의 방식에 대한 충고는 하는 이나 듣는 이나 생각을 해봐야 할 일이라 여겨진다.

스물다섯 무렵 소로우의 『월든』을 처음으로 읽게 되었다. 서점에 진열되어 있는 수많은 책들 중에 그날 그 책이 내 손에 들어온 이유는 책의 뒤 표지에 써 있던 문장 때문이었다.

'사람으로 하여금 자신이 듣는 음악에 맞추어 걸어가도록 내

버려두라'

  삶의 속도일 수도 있고 방향일 수도 있고 태도일 수도 있다는 것을 나는 이 문장을 통해 생각하게 되었고 이십 대에 만난 소로우를 통해 지난 시간 내 삶의 속도와 방향과 태도의 기초를 다지고 세우고 가는 중이었고 현재도 여전히 나의 많은 부분의 생각을 차지하고 있다. 독불장군, 안하무인의 삶으로 격하될까 신경이 안 쓰이는 건 아니지만 그보단 나만의 북소리를 들으며 살아가는 삶이 나를 나답게 만들어 주고 있다고 믿기 때문이다.

  몇 년 전 나무를 심던 날 나무를 심을 땐 나무를 흔들고 물을 확 부어줘야 나무 사이로 흙이 채워져 뿌리가 흔들리지 않고 내려갈 수 있다는 것을 들은 적이 있다. 희미한 것들을 분명하게 하고 약한 것들을 강하게 하는 것은 흔들린 것들을 채워 갈 그 사람만의 북소리란 것을 다시 생각하게 된다. 단단한 심 하나 세워 두고 넉넉한 사고의 살을 붙여 가는 삶을 나는 살아 내고 싶다. 그리고 그 삶은 자신뿐 아니라 내가 아닌 타인에게도 대입시키는 모습을 잃지 않길 소망한다.

말

　말은 사람을 속일 수 있다. 몇 년 전까지 만나던 청년들에게 늘 하던 얘기가 있는데 누군가를 알아볼 땐 그의 말에 집중하지 말고 삶에 집중하란 말을 자주 했었다. 나는 그것이 사람을 바로 보는 길이라 생각했고 지금도 그 생각엔 큰 변화가 없다. 말에 속고 말로 속이는 일이 일상에서는 많이 일어나지 않는데 말로 누군가의 마음을 사고 표를 사야 하는 이들에겐 너무 자주 있는 일이라 그런 생각을 했었는데 이 생각은 아쉽게도 늘 옳았다는 결론을 맺게 한다. 말에 집중하고 판단을 내린 뒤 돌아오는 아쉬움과 후회는 말을 하는 사람이 아닌 듣는 사람의 몫이라 더욱 살아가고 있는 삶을 봐야 한다고 여기는데 문제는 그 삶 또한 그를 볼 수 있는 것이 아니기에 아쉬움이 남는다. 그럼에도 불구하고 말을 통해 자기를 드러내는 이를 선택할 일이 생기면 그의 말이 아닌 삶을 보고자 애를 써야 한다는 것이 아쉬움을 그나마 조금 남기는 길이라 여겨진다.

말로만 만나는 이가 아니라 삶을 볼 수 있는 이와의 만남이라면 요즘 든 생각은 그의 말이 그를 나타내는 것일 수도 있단 생각을 하게 되었다. 자주 만나 얘기를 나누다 보면 그의 생각과 방향, 삶의 태도와 철학이 보이는데 이것은 말만으로 어느 정도 가능할 수 있음을 경험하고 있기 때문이다. 이것은 내가 나를 볼 수 있는 기준이기도 하다. 가끔 내가 어떻게 살고 있는지 무슨 생각을 하며 살고 있는지를 점검 비슷하게 할 때가 있다. 그럴 땐 친구들을 만나 나누는 얘기, 사람들을 만나 나누는 얘기, 학생들을 대하는 모습이 어떠한지를 살피게 된다. 그러면 내가 무엇을 생각하며 살고 있는지가 나오는데 행동과 말에서 제동해 줄 이가 없는 나 같은 사람에겐 꼭 필요한 시간이다.

서른이 지나고 기독교에도 수녀가 존재한다는 것을 알게 되었다. 천주교인이었으면 수녀가 됐을 것이고 불교인이라면 비구니가 됐을 것이다라고 할 정도로 신앙인으로 혼자 사는 삶에 관심이 있던 차라 방문을 하게 되었다. 처음에는 수녀원에 방문하는 방문객으로 갔다 그 뒤에 수녀원에 입소하고픈 바람을 이야기했는데 원칙대로라면 나이에서 이미 입소가 어렵지만 얘기를 나누고 다른 분들과 회의를 거친 결과 가능하다는 허락을 해 주셨다. 마지막으로 원장님과 만나면 입소가 가능하게 된 날이었다. 그리고 그날 나는 그곳에 들어가는 것을 포기하였다. 자기에 대한 확신이 자기만족이 되고 자기의가 될 수 있다는 것을 알게 되자 마음이 멈췄다. 문득 나의 미래의 모습이 그리될 것 같다는 생각에 그 자리에서 나올 수밖에 없었다. 모자란 나의 판단이었을 수도 있고, 판단이었길 바란다.

혼자 살아가며 가장 걱정스러운 것은 뭘 해 먹고 사는 것도 아프면 어떡하나 하는 것이 아니다. 혼자의 삶이 주는 아집과 독단, 독선이 나이가 들어가며 더 강해질 수 있다는 것을 생각하며 살고 있다. 그러잖아도 자기주장이 약하진 않은 사람인데 혹시나 이 부분이 강해진다면 그야말로 독불장군이 되는 것이라 경계한다고는 하는데 이것 또한 내 기준에서 하는 것이니 얼마나 효과를 거둘지는 알 수가 없다. 내게 네가 틀렸고 너의 생각을 바꾸라고 직언을 하는 이가 없으니 나도 모르게 나를 썩 괜찮은 사람으로 인정할 순간이 생길 텐데 그러면 나는 판단과 독선과 아집에 사로잡힌 자로 살아갈 것이 분명하기에 두려움이 생긴다.

사람은 절대 의로울 수 없다는 것이 사람에 대한 나의 결론이다. 선한 행동을 하며 사는 이도 늘 그렇진 않고 나중에라도 변질이 될 수 있다. 나라를 팔아먹은 자들도 나름의 자기변명이 있고 이유가 있는데 선한 삶을 살고 있다고 인정받는 이가 이유나 변명 없이 변질이 되진 않을 것이다. 그러니 선한 삶을 살지도 않는 나는 얼마든지 자기만족에 빠져 살며 내가 답이 되는 삶을 살 수도 있다는 것이 결론이 되어 버린 것이다.

그날 수녀 되기를 포기한 것은 이런 나의 생각이 맞았다는 것을 확인해서였다. 전부터 말보다 삶을 봐야 한다고 외쳐댔었다. 그리고 그 생각엔 변함이 없다. 그러나 조금 더 나이가 들고 보니 말을 통해서도 드러나는 것들이 있음을 알게 되었다. 누군가의 말을 건성으로 듣지 않고 잘 듣다 보면 거기엔 그 사람이 있음을 알게 된다. 말에는 반드시 말하는 이가 드러나기 때문에 사람에 따라 경중의 차이는 있을지라도 드러나게 되어있다. 사람을 판단하기 위해 잘 듣는다기보다 잘 듣다 보면 알게 되는 걸 보니 말에는 그 사람이 실리는 것 같기도 하다. 그리고 말은 생각과 마음을 나타내는 도구로 사용되는 것을 나는 나를 보며 알게 되었다. 말과 생각, 마음이 따로 논다면 그야말로 사기꾼이니 더 이상 볼 것 없고 말에 실리는 생각과 마음을 잘 지켜야 말도 곱게 나가는 것을 나는 나를 보며 깨닫는다.

 노력하지 않아도 마음이, 생각이 부드럽고 따뜻하게 사람을 세워주는 말이 되는 그날을 소망하며…….

목사님

 아침에 텃밭에 나가보면 조금씩 무엇인가 바뀌어 있다. 집 앞 나무가 울창했던 곳을 다시 시원하게 바꾼 다음 올해는 그곳을 텃밭으로 만들기로 했다. 말을 꺼내 놓고 학생들 중간고사 기간이고 이런저런 일로 밭을 만드는 일을 미루고 있었는데 어느 날 보니 두둑이 만들어져 있었고 비닐이 덮여 있었다. 뒷집 목사님이셨다. 여기에 뭘 심으시려고 하시나? 게으름을 피우는 내가 답답해 움직이셨나 하는 생각을 하며 그냥 지나쳤는데 며칠 뒤 만난 사모님이 목사님께서 한나절 내내 땅을 고르고 비닐을 덮었다는 얘기를 들려주시며 아마 많이 힘드셨을 거라 하셨다. 그리고 금방 먹을 수 있는 것부터 조금씩 심어 먹으란 당부 말씀도 함께 해 주셨다.

  그리고 또 며칠이 지나갔다. 매일 무엇을 심을까 생각하며 부모님이 농사를 지으시는 친구의 조금 더 따뜻해지면 심으라는 말을 따르고 있었는데 또 어느 날 보니 상추, 고추, 토마토, 가지, 오이, 호박이 심겨져 있었다. 조금 아쉬우면서도 답답해서 심어주셨나 하는 생각을 했다. 나중에 들어보니 목사님 텃밭에 작물을 심으시면서 함께 심어주셨단 말씀을 하셨다. 더 필요한 거 있으면 심어보란 말씀에 며칠을 모종 가게를 들락거렸다. 곤드레를 좋아하는 이에게 줄 곤드레, 머위 좋아하는 친구에게 주고픈 머위, 매운 고추를 잘 먹는 이에게 줄 청양고추, 미나리만 있으면 되는 나를 위한 미나리. 물이 엄청 필요하다는 미나리를 위해선 땅을 파고 비닐을 깔고 다시 흙을 덮는 정성을 들여 미나리 밭을 만들었다. 그리고 또 다른 땅을 일구어서 시금치 씨를 뿌렸다.

  조리개로는 부족해보여 호스에 연결할 스프레이건을 사고 밭 주위 풀을 제거할 예초기를 샀다. 누가 보면 코딱지만 한 텃밭을 일구며 별 요란을 다 떤다 하겠지만 누가 뭐라든 나는 농사를 짓는 사람이기에 (참 부끄럽다) 최소한의 장비를 갖추고 싶었다. 그리고 또 하나의 이유는 매일 주변을 돌보시는 목사님이 조금 편하셨음 하는 바람도 있었다.

　목사님을 뵌 지 20여 년의 시간이 지나갔다. 칭찬에 그리 후하지 않으시지만 꾸중도 크게 하시는 분이 아니신데 제대로 혼이 난 적이 있었다. 교회 리모델링을 하고 있을 때였는데 전문적인 일은 아니더라도 젊은 청년들이 도와야 할 일이 있었다. 그럼에도 어느 날엔가 청년들을 데리고 다른 지방에 가 있는 전도사님에게 다녀온 적이 있었다. 마음에 조금 걸리긴 했지만 한 번인데 가자하고 다녀왔는데 그날 해야 할 것들이 있었음을 나중에 알게 되었다. 죄송한 마음이었지만 아무 말씀이 없으시길래 넘어가나 했는데 며칠 뒤 목사님을 모시고 어디를 다녀오는 차 안에서 제대로 혼이 났다.
　일을 안 해서가 아니라 현재 교회의 모습을 보며 한 행동이 제대로 된 행동인가에 대한 꾸짖음이셨다. 더구나 지도교사라는 이가 정확한 판단 없이 좋고 재미있는 것만을 추구한다면 청년들이 배울 수 있는 것이 뭐냐는 말씀을 하시는데 할 말이 없었다. 그리스도의 군사들로 자라나게 하는 게 교사의 해야 할 일이라며 우리가 누구인지 분명히 알라는 말씀은 지금도 잊혀지질 않는다.

　전에도 그러셨지만 몸이 불편해지신 후에도 목사님은 늘 단단하신 분이셨다. 어느 날인가 젊은 두 목사님들과 목사님이 견디고 계신 불편함의 시간들에 대한 얘기를 나눈 적이 있었다. 그냥 불편하시겠단 것이 아니라 생각이 아닌 실제가 되었을 때 몸만 아닌 심리적인 것들에 대한 것들도 나누었는데 쉬이 짐작이 안 되는 것이었다. 가끔 목사님이 견디셨던 것, 견디고 계신 것들에 대한 생각을 하게 된다. 할 말이 없어지는 것. 그게 늘 나의 답이 되는데 그 목사님이 80 연세에 동네 이곳저곳을 살피시는 것이다. 아침에도 물을 주러 텃밭에 나가보니 잡초가 뽑혀져 있었다. 예초기는 나도 나지만 목사님과 함께 쓰려 한 손만으로도 가능한 아주 가벼운 것을 골랐음에도 불편해하셨다. 바퀴를 달면 좀 나으려나?

  살아가며 많은 스승을 만났다. 지속적인 분도 계시고 한시적인 이도 있었다. 아이가 스승이 되기도 하고 친구가 스승이 되기도 하는가 하면 제자가 스승이 되기도 했다. 그리고 목사님이 스승이 되어 주셨다. 목사님처럼 살 자신은 없지만 그래도 누구에게 이런 분으로부터 삶을 배우고 있다는 말을 할 수 있다는 것이 내겐 자랑이 된다. 내일 아침 목사님과 텃밭에 오이와 호박이 올라갈 대를 만들고 고춧대와 토마토대를 만들기로 했다. 요즘은 일하는 것으로 크게 혼나지 않는 것을 다행으로 여기며 내일을 기다리고 있다.

세 사람이 함께 길을 가면

지금까지 살아오며 스승이라 여기는 몇 가지가 있다. 어려서는 동네에 있는 친구 집에 가면 늘 전집이 있었다. 나는 그 책을 그 집 마루에 걸터앉아 읽다 오곤 했다. 중학교에 들어오고 얼마 뒤 엄마는 금성출판사에서 나온 68권으로 구성된 한국단편문학전집을 사 주셨다. 김동인의 배따라기가 쓰인 제1권을 시작하며 두근거림과 가득한 충만함은 몇 날 며칠을 행복하게 만들었다. 읽고 또 읽으며 단편 속에서 지내다 중학교 2학년이 되고 이번엔 세계문학을 접하게 되었다.

어느 날 앙드레지드의 좁은 문을 읽었는데 알리사와 제롬의 사랑에 가슴이 저려왔다. 나는 며칠간 잠을 이룰 수가 없었다. 이해할 수 없는 아름다움이 몇 날 며칠 이어지며 다른 친구들과 다른 세상에 사는 듯한, 어른이 된 듯한 뿌듯함도 생겼다. 토요일 학교가 끝나면 서점에 들려 한참을 책을 보다 집에 오곤 했다. 가끔 시집을 사 오기도 했는데 소월의 진달래꽃을 워즈워스의 초원의 빛을 소리 내며 읽고 읽은 후엔 한참을 시 속에 빠져 있기도 했다. 학교를 모두 졸업하고 성인이 된 후에 서점에 가서 여전히 책 구경을 하다 소로우의 월든을 읽게 되었다. 표지에 써 있던 다른 북소리를 듣는다는 한 마디에 반해 책 읽기를 시작했는데 나는 그 책을 지금까지 읽고 또 읽고를 반복하고 있다. 소로우는 스물다섯의 나를 흔들어 버렸다. 월든 호숫가의 삶은 내 삶의 기준처럼 되어버렸다. 야생사과를 읽고 시민의 불복종을 읽고 가을의 빛깔들을 읽어가며 나는 내 삶의 기초를 소로우에게 맞춰가고 그의 생각의 기초가 된 노자에게 관심을 갖게 되었다. 우둔한 나 같은 사람을 위한 노자 이야기를 읽으며 무위당 선생님이 말씀해 주시는 노자의 모습에 빠져들기 시작했다. 위대한 스승들의 말씀은 나를 계속 흔들고 흔들림 속에 자기 생각을 하는 경험을 하게 했다. 책을 읽다 보면 저자가 소개하는 다른 이를 또 만나고 그를 통해 또 하나 배우고…… 참 신나는 시간을 보낼 수 있었다.

다니던 교회의 젊은 전도사님이 있었다. 당시 대학원을 다니고 있었는데 이런저런 신앙 얘기를 나누며 지내다 어느 날부터인가 그 시간은 공부의 시간이 되어버렸다. 금요일에 학교에서 돌아와 저녁 기도회를 마치고 나면 한 주간 배워온 공부를 나에게 전해주기 시작했다. 때로는 복사물도 가져와 정리를 하며 신학과 신앙의 접점을 찾는 시간이었는데 오랜 기간 전문적인 공부를 한 이가 보면 가소로울 수도 있는 시간이었지만 내게 그 시간은 단물을 마시는 시간이었다. 그 당시에 대학원에 계시던 교수님의 강의를 듣고 싶어 다시 학교를 들어가고 싶을 정도로 목마름을 느끼던 때여서인지 몰라도 매주 그 시간을 통해 알게 되는 공부는 그 시간을 기다리게 하였다. 한 번도 뵌 적 없는 교수님의 평생을 걸려 채워 놓은 머릿속 정수들을 조금씩 받아먹는 시간이었고 그러면서 동시에 삶의 여러 상황들과 접목을 시켜가는 시간이었다. 전도사님이 대학원을 다닌 시간 동안 거의 매주 금요일 저녁은 이 공부의 시간이었다.

학교 때 선교단체에서 몇 년간 지낸 적이 있다. 20대 초반의 청년들이 대부분인 선교단체는 젊음이 주는 열정과 열기가 가득한 곳이었다. 특히 내가 속해 있던 곳은 특공대라는 평가를 받을 정도로 열정적인 곳이었는데 학교를 졸업하고 이런저런 일로 그곳을 나오게 되었다. 나의 선택이었지만 교회만의 신앙생활은 쉽지가 않았다. 젊은이들의 열정이 가득했던 그곳을 그리워하며 답답해하고 때로는 후회도 하며 눈물이 나도록 힘들어하던 때였다. 우연히 교회로 들어오기 전 건물 아래 계단 앞에서 기도를 하시는 교회에서 연세가 가장 많으셨던 원 권사님의 모습을 보게 되었다. 교회라는 건물을 건물로 바라보지 않고 성전으로 바라보며 평생을 지내오신 권사님은 그날 내게 '내가 선 곳의 거룩함'을 계단 앞의 기도의 모습으로 보여주셨다. 계단 한쪽에서 아무 말 없이 지켜보는데 그 어떤 예배의 모습보다도 아름답고 성스러웠다. 그 모습에 뒤통수를 맞은 나는 그날 이후 답답함과 한숨이 사라지게 되었다. 어릴 적 항상 머리를 단정히 쪽 지시고 강대상을 청소하시던 김 권사님도 계셨는데 돌아가실 때까지 강대상은 권사님만 청소를 하실 수 있었다. 토요일 오후 학생부 예배를 드리러 교회에 가면 혼자 제단을 청소하고 계시던, 교회를 건물이 아닌 성전으로 여기고 아래에서부터 기도로 준비하며 성전을 오르셨던 두 분 할머니 권사님은 내게 보이는 교회를 통해 보이지 않는 교회의 의미를 배우게 한 스승이셨다.

아이들과 함께 하는 시간이 많은 나는 가르치는 일을 주로 하지만 때로는 아이들과 이런저런 얘기를 나누기도 하고 혼자만의 마음고생을 하기도 한다. 예의가 없는 아이들을 볼 땐 화가 나고 화는 다른 아이에게 혹은 그 아이에게 가시로 나타나기도 하고 아이들의 친구들 얘기를 들으면서는 한숨을 내쉴 때도 있다. 그럴 때마다 어른이라는 이유를 내 세우는 것은 아닌가 조심을 하면서도 내 생각과 의견을 내 보기도 하는데 때때로 이런 내게 아이들은 전혀 다른 관점의 의견을 제시하기도 하고 넓은 마음을 보여 주기도 한다. 이건 여덟 살인 설이도 마찬가지인데 아이는 어른의 선입견을 아주 강하게 부숴놓곤 한다. 전에 행동을 들먹이며 현재와 미래의 행동을 재단하는 어른에게 아이들은 그렇지 않다고 전에도 그리했으니 또 다시 그러리란 단정을 하는 것은 옳지 않다고 직언을 하는데 이런 말을 들으면 반박을 굳이 하고 싶어지진 않는다. 또한 아이들은 겉으로 드러나는 모습을 보며 사람을 판단하는 어른의 모습에 강한 반발을 하는데 그것이 아이들이 사람을 대하는 모습이란 생각이 들 때는 부끄럽기도 하다. 자신들의 친구뿐 아니라 누구든 간에 아이들은 미리 단정 지어 놓고 판단하며 관찰하는 일이 거의 없다. 단순해 보이는 이 행동이 그래서 명쾌하고 사람을 사람으로 보는 것 같아 나의 스승이라는 생각을 하기도 하는 것이다.

친구들을 만나고 연배가 위인 이들도 만나고 또 어린 이들도 만나며 얘기를 나눌 때도 같은 마음을 갖게 될 때가 많다.

친구들과는 동시대를 살아가는 이들이 고민하는 공통의 것을 나누다 아! 하고 무릎을 치고 어르신과의 만남에서 인생을 먼저 살아내신 지혜를 배우고 어린 친구들과의 만남에서 그때의 내가 보이기도 하고 그때의 나와는 전혀 다른 근사한 젊은 어른을 만난 듯한 시원함을 맛보기도 한다.

 공자의 '세 사람이 함께 길을 가면 거기에는 반드시 나의 스승이 있다'라는 말이 얼마나 기가 막힌 말인지를 나 또한 삶의 길을 걸어오며 알게 된 것이다. 앞으로 살아가며 나는 많은 스승을 또 만나게 될 것이다. 바람을 갖는 것은 스승이 나타났을 때, 스승이 지나갈 때 알아보지 못하고 배우지 못하고 깨닫지 못하는 어리석음을 범치 않길 바라고 있는데 우둔한 사람이니 아마 바람에 그칠지도 모르겠다. 뭐 그러면 그러는 대로 내 그릇만큼만 채워 가면 되지 하는 아주 속 편한 생각을 핑계로 삼아두니 오늘 밤도 잠은 잘 올 것이다.

기억

아무리 생각을 해도 꿈인지 현실인지 모를 기억이 있다. 학교를 졸업하고 지금까지 내가 해 온 일은 가게를 하던 일 년이 좀 안 되는 기간을 빼곤 아이들을 가르치는 일이었다. 모든 아이들이 기억나는 건 아니지만 개인으로 만나던 일인지라 대부분의 아이들은 기억이 나는데 이상하게 몇 년간의 시간은 전혀 생각이 나질 않는다. 문득 떠오르는 잔상을 쫓아가 보면 결국엔 현실이었는지 어딘가에서 본 영상의 일부인지 구분이 되질 않는데 어릴 적의 기억은 잊질 않으면서도 성인이 된 이후의 일을 그렇게 지웠다는 것이 이상할 뿐이다. 친구와 상처와 기억에 관한 이야기를 하는데 친구는 초등학교 중학교 때의 기억이 하나도 없단 얘기를 하였다. 그 당시에 친구의 어머니는 아파 병원엘 자주 가셨다는데 이 기억조차 나질 않는다 하였다. 이런 이야기를 한 후 내 기억 속에서 사라진 몇 년간의 시간을 다시 떠올려 봤다. 그러나 역시 생각이 나질 않았다. 나는 왜 그 시간을 지웠을까?

아픈 기억이라면 그보다 힘든 일이 훨씬 많았고 시간이 지난 기억이라면 더 먼 시간이 훨씬 많은데 왜 하필이면 그 시간이 사라진 것일까? 그 시간의 나는 어떤 모습이었을까? 지워질 수밖에 없는 이유가 있어서인지 아니면 무탈하게 별일 없는 삶을 살아 기억할 필요가 없어서인지……. 남의 인생도 아닌 내가 살아낸 내 삶인데 지우개로 지워낸 듯 지워져 있다는 것이 가능한 일인지 궁금하지만 나뿐 아니라 내 친구도 그런 시간이 있다고 하니 사람의 기억에 대한 확신을 조금 내려놓게 된다. 완전히 지울 수도 있는 사람의 과거의 시간이라면 왜곡된 기억이 과거를 채울 수도 있겠단 생각도 드는데 이 생각이 들자 내 과거의 시간도 내가 만든 허상이 사실이 된 것도 혹여나 있을 수 있겠다 여겨진다.

'레테의 강'이라는 말을 들은 건 TV 속에서 나온 드라마인지 영화인지의 한 부분을 스치듯 본 날이었다. 망각의 강이란 뜻이라며 고통도 그 강을 건너면 지워진다는 그런 대사를 했던 것 같은데 스치며 들은 그 한 줄의 대사가 기억에 남아있다. 어릴 때 들었음에도 나는 정말로 '레테의 강'이 있었으면 좋겠단 생각을 했었나. 지금 생각해 보면 어린아이가 왜 그랬을까? 싶은데 어린아이라도 사는 것에 버거움이 있었던 것인지 아니면 단순하게 '레테의 강'이란 생소한 단어가 주는 생경한 근사함 때문이었는지는 알 수가 없다.

 엄마가 돌아가신 건 내 나이 스물아홉이 된 해였다. 어려서부터 엄마와 나는 둘이 살았는데 어느 날 엄마 없이 혼자 살아갈 삶이 되어버렸다. 갑자기 그리고 단시간에 일어난 엄마의 죽음은 내 삶을 다 흔들어 버렸다. 살던 대로 살아가면서도 살던 대로의 삶이 되질 않았다.
 주변에 걱정하는 이들이 있었지만 버텨야만 하는 것은 오롯이 나 혼자였다. 이유가 생기지 않았음에도 이유가 있는 이처럼 시도 때도 없이 눈물이 나는 삶이었다. 나는 이 시간이 지나갈 거란 생각이 들지 않았다. 그래서 더 힘들고 고통스러운 날들이었고 굳이 이런 괴로운 인생인데 지속할 이유가 없다는 생각까지 한 시간이었다.

 흐르는 세월은 생각보다 빨랐다. 조금씩 잊혀 져 간 것인지 지워져 간 것인지 혼자인 삶을 살아내기 시작했다. 나는 그때 어릴 적에 스치듯 들은 그 대사가 생각나며 '레테의 강'을 다시 떠 올리게 된 것이다. 망각의 강을 건너야 사람은 살 수 있다는 대사가 엄마가 가신 후 죽음이 주는 고통을 알게 된 이후 비로소 내 안에 들어왔다. 잊히지 않는 삶을 살아내야 한다면 그 삶을 살아내야 하는 이는 살아있다고 볼 수 있을까? 지금까지 엄마를 떠난 보낸 후 그대로의 삶이라면 내가 살아 있는 것이라 말할 수 있을까? 살아있음이 저주가 되는 삶처럼 여겨져 내가 주인 삼은 이에게 나를 데려가 달란 기도를 매일 드렸을 것이다.

나이가 들면 금방 잊어버리게 되고 그것으로 인해 마음 상하는 일도 당하고 그래서 속이 상하는 모습을 방송에서 나오는 이들의 이야기를 들으며 알게 되었는데 어느 날부터 내 친구들을 통해 같은 얘기가 나오더니 이제는 나도 시작이 된 듯하다. 늙어간다는 신호인 듯 해 약간의 당혹감은 있지만 속상하거나 그러진 않는데 나이가 들면 늙는 것이 당연하다고 여기기에 아쉬움이 별로 없는 것이 이유이기도 하고 긴 세월을 보낸 분들의 지혜를 맛보고 싶은 기대가 또 다른 이유이다. 망각과 건망증조차 구분 못 하는 아둔함이라기보단 나이가 들어가며 점점 잊는 게 많아진다는 것은 그만큼 채워진 것이 많다는 것과 잊어야 할 일이 그 만큼 많은 삶을 살아냈단 얘기란 생각을 하고 있어서이다. 의학적인 부분은 전혀 모르겠고 사람이 살아낸 시간 동안 겪었을 일의 양을 생각해 보면 작은 머리 안에 그 모든 것들을 차곡차곡 채워 넣어 둔다는 것이 가능할 거란 생각이 들질 않는다. 그리고 살아온 모든 삶을 굳이 쌓아놓을 이유도 없다고 여겨진다. 몇 년간의 시간의 기억이 없어졌다고 나의 삶이 크게 달라진 것도 아니고 그 시간을 기억한다고 지금의 삶이 달라질 것도 없고.

  어머니가 기억을 잃어가는 분과 얘기를 나눈 적이 있다. 무너졌던 순간, 무너지는 순간, 수시로 몰려오는 마음과 몸의 고통을 얘기하는 선생님의 얘기를 들으며 시간에 따라 흘러왔을 아픔의 강도가 느껴졌다. 기억은 추억이기도 할 텐데 그것이 희미해져 간다는 것은 무엇일까? 삶의 모든 순간을 다 기억할 필요는 없겠지만 노력하지 않아도 기억되어진 가족과 친구와 그들과 함께했던 추억이 잊혀갈 때 그 절망의 깊이는 어디까지일까? 기억을 잃는 이를 넘어 나는 그를 바라보는 사랑하는 이들의 아픔이 더 크게 느껴졌다. 오전에 날이 쌀쌀하니 옷 단단히 챙겨 입고 출근하라던 엄마가 오후에는 알아보지도 못하고 의식을 잃더니 얼마 뒤 떠나시는 것을 경험한 것이 이유인지 당사자보단 그 곁에서 모든 상황을 지켜봐야 하는 이들이 먼저 보였다.

잊는다는 것은, 잊혀진다는 것은 가벼워지는 일이며 동시에 가슴이 시린 일임은 분명하다. 몇 년의 시간이 조각의 기억조차 없다는 것은 내 인생에서 빠진 시간이 되어버린 것이니 그 시간 편에서 생각하면 버려진 것이나 다름없을 것이기 때문이다. 가끔 궁금하긴 하다. 도대체 뭐가 지워진 걸까? 살아갈 연한을 알 수는 없으나 지금은 잊을 것 같지 않은 미래의 시간에서도 잊혀 질 것들이 생길 것이다. 그래서 나의 미래의 계획은 잊혀 질 일이 많지 않을 삶을 살아내 보자는 것이다. 굳이 생각하지 않아도 될 단순한 삶. 내가 해야 할 일들이 정해져 있을 일과 가지치기를 하며 명료하게 사고하는 삶을 살아가다 보면 기억을 떠올리려 애쓰며 '아…… 뭐지?'를 외치지 않아도 되는 삶을 살게 되지는 않을까 싶다. 그런데 이런 생각을 하며 또 계획을 짜는 것을 보니 아마도 실패할 확률의 게이지가 한 칸 더 늘어날 것이 분명하다.

때

　학교 때 다니던 선교단체에서는 매주 설교를 듣고 성경 말씀 요약과 더불어 삶과 적용시키는 글을 써야 했다. 매일 아침에는 경건의 시간을 가지며 같은 일을 반복했다. 수련회라도 가면 밤을 세워가며 그 일을 해 나갔다. 들은 성경 말씀을 기초로 자신의 모습을 바라보고 다짐하는 시간의 반복이었다. 필요한 시간이었고 나를 새롭게 하는 시간이었지만 버거움도 있었는지 단체를 나온 후 그 일에서 자유를 얻은 듯한 해방감에 오 년 가까이해 온 일들을 한 번에 멈춰버렸다. 몇 년간의 흔적은 노트 수십 권으로 남았고 새로운 노트는 더 이상 늘어나질 않았다.

나이가 들어가며 글을 쓰고 싶었다. 일기를 쓰는 것으로, 인터넷 공간에 이런저런 일상의 글을 올리는 것으로 목마름을 채우게 되었다. 그렇게 나는 나의 바람은 이렇게 끝나가는 것이라 생각했다. 시를 쓰는 친구가 이런 내게 한 번 해보라며 알려준 곳에서 글을 쓸 수 있는 기회를 얻게 되었다. 감사한 마음에 두려운 마음이 보태졌다.

 특별히 글 쓰는 공부를 한 것도 글을 계속해서 써 온 사람도 아닌데 할 수 있을까 하는 생각도 들어오고 잘 쓰는 글은 나의 그릇이 아니니 흉내 내려 애쓰지 말고 내 안의 얘기를 나의 글로 옮겨 보자 하는 생각이 들어오기도 하는 하루는 좋고 하루는 두려운 시간을 보내다 학교 때 썼던 글을 보게 되었다. 내가 지금 쓰는 글처럼 하나의 주제를 가지고 처음부터 끝까지 글을 써 가는 그때의 글들을 읽다 사람의 삶에서 버려지는 순간, 버려지는 일은 하나도 없음을 다시 깨닫게 되었다. 오 년간의 시간이 글쓰기가 목적이 아닌 시간은 분명했으나 나의 삶에서 제일 많이 고민하고 사고하고 깨달은 것들을 글로 옮기고 삶으로 실천하려 노력한 시간은 분명했다. 20대 초반에 시작된 추억의 한 시절로 여기며 잊고 지내고 있었는데 글쓰기를 시작하면서 그때가 떠오르더니 갑자기 선물 같은 시간처럼 그때가 내게 다가와 버린 것이다. 후배와 이런 얘기를 하며 '때'에 대한 얘기를 나누는데 그 친구도 같은 생각을 했다며 그때는 알 수 없으나 지나면 아! 하는 순간이 있다는 말을 하는데 나도 동의가 됐다.

 여름 방학이 시작되자 설이가 원으로 그려진 생활 계획표를 가져오더니 방학 동안의 계획표를 그려야 한다고 했다. 어릴 적 방학마다, 방학이 아니더라도 마음이 동할 때마다 해오던 나의 계획표와 변함이 없었다. 일어나는 시간과 밥 먹고 휴식하고 공부하고 노는 시간을 정하는 설이에게 할 수 있겠냐고 물었더니 할 수 있다며 색을 칠하고 꾸미는데 신이나 있었다. 계획을 세우는 것이 뭐 그리 신나는 일일까 싶지만 생각해 보면 누구보다도 계획하고 저지르는 일을 좋아하는 나도 설이만큼 동그란 계획표 그리기를 즐거워했단 것이 기억났다. 아이들 가르치는 일을 하면서 동시에 이런저런 일을 저지르며 살아왔다. 그리고 그때마다 나는 신이 났고 마음만 앞선 느슨하게 세운 계획의 결과는 참담했다. 이런 내게 친구는 지치지도 않는다며 신기하다고 했지만 끈질기지 못한 탓에 끝까지 이루지 못한 일이 대부분인 나는 실패에 익숙해 버린 사람이 되어 있었다. 내 생활을 흔들 정도의 일도 아니었고 본업이 있으니 일을 하다 진행이 안 되면 끝을 내고 다른 일을 찾는 일의 연속이었다. 실패란 단어를 썼지만 단어만 그리 썼을 뿐 나는 경험이라 여기고 있는데 일을 준비하고 진행하던 모든 시간들이 내게 경험으로 남아있기 때문이다.

  언제부터였는지 생각은 안 나는데 꽤 오래전 신년에 마음에 다짐을 한 것이 있었다. 그 다짐은 거의 매년 신년이 되면 되풀이되는 자신과의 약속인데 누군가 새 인연이 다가오면 미리 재거나 색안경을 낀 채 판단하지 말자는 것과 알고 지내는 이에겐 단정 지은 것들로 그 사람을 틀에 넣어두지 말자는 것과 일이나 계획을 만날 때 도전을 겁내지 말고 가볍게 방종하지 말자는 것이었다. 그리고 그것이 다 실천되지도 못했더라도 생각을 하며 만나다 보니 귀한 만남으로 이어져 지금까지 지내오기도 하고 귀한 일을 만나 신나는 나날을 보낼 수 있었다. 나는 이것이 '때'가 되어 이루어진 결과라 여기고 있다. 웹툰 '미생'은 드라마로 만들어지기도 했는데 이와 비슷한 얘기가 나오는 것을 보며 공감을 한 적이 있는데 주인공 장그래의 여러 상황이 익기를 기다리며 때가 되자 그 앞에 나타나는 오상식 차장은 '우유 다 익었다'는 말로 때가 된 것을 알려준다. 미래가 보이지 않던 장그래에게 이 말은 어떤 의미였을까?

  올해 1월인가 2월쯤 글을 써 보라던 내 친구의 말이 이번엔 스치듯 들리지 않았다. 그동안 몇 번의 말을 건넬 때에도 진지

하게 듣기는 했으나 저 멀리 뜬구름처럼 잡히지 않는 얘기였고 욕심을 부리는 것 같아 멈칫거렸다. 겁이 나는 도전은 아니었지만 가볍게 다룰 도전도 아니었기에 기다려보자는 생각을 앞세우게 된 것이다. 이번에도 주춤거리는 것이 없던 것은 아니지만 도전할 수 있는 기회가 보이길래 지원서를 넣었는데 지원서를 넣은 그날 뭔가 이루어지지 않아도 도전을 했다는 한 가지만으로 감격하였다.

얼마 전부터 미술을 배우기 시작했다. 친구들이 모두 미술을 시작할 때에도 혼자 버티며 관심도 없고 재능도 없어서라고 했는데 이 또한 아주 우연한 기회에 단 한 번의 망설임 없이 약속을 정하고 배우기 시작했다. 일상을 나누던 이조차 놀랐던 결정인데 선생님이 미술을 해야 하는 원론적인 것들을 얘기해주시며 가르쳐 주시는 분이라 흥미를 갖고 배우는 중이다. 음악도 좋아하고 책도 좋아했지만 미술은 전시회 다니는 것으로, 그림을 보는 것으로 만족하고 있었는데 조금씩 그려가며 일 년 뒤, 삼 년 뒤, 십 년 뒤의 나의 그림을 상상하게 되었으니 내가 생각해도 이건 익은 시간, 때가 이르러서라는 것밖에 답이 나오질 않는다.

올가을 집 옆에 있는 밤나무와 감나무에 열매가 제법 열렸다. 집에서 나오며 밤새 떨어진 밤을 줍는 재미가 있었는데 올해는 그 밤이 별로 없길래 무슨 일인가 했는데 나중에야 누군가 떨어진 밤을 가져간다는 것을 알았다. 바뻐 나오느라 밤을 미처 줍지 못하는 날이 있었는데 아마 낮에 와서 가져가는 것 같았다. 감나무의 감은 홍시가 되는 것들이 하나둘 생기길래 나무에서 익혀 먹으려 했더니 이미 까치가 먼저 감의 주인이 되어 있었다. 정말 귀신같이 홍시로 변한 감은 모두 까치밥이 되어 사람이 먹을 홍시는 따서 익혀야 홍시 맛을 볼 수 있게 된 것이다. 주인 있는 밤을 가져가는 이에게 화가 나면서도 부지런히 때를 따라 가져가는 것에는 박수를 치게 됐고 먹을 것 풍성하고 다양한 우리보다 이때에만 달콤한 맛을 볼 수 있는 까치에겐 홍시를 양보하기로 하고 손이 닿을 수 있는 감만 취하고 나머지는 그대로 남겨두었다.

나는 나이가 들어가는 것에 안타까움을 갖고 있질 않다. 오히려 기다려지기까지 하는데 나이가 주는 힘을 믿기 때문이다. 흰머리와 주름은 늘어가고 건강하던 팔과 다리는 힘이 빠져갈 것이고 병원과 약을 달고 살아야 할지도 모르고 마음은 점점 어려져 얇은 종이처럼 자주 찢어지고 아파하기도 할 것이다. 그러나 그럼에도 나이는 힘이 있다고 믿는 것은 한 사람이 평생을 살아오며 경험을 통해 쌓여진 지혜와 그를 통해 세상을 보는 혜안이 열려있다고 믿기 때문이다. 강물처럼 흐르는 세월 속에서 얼마나 많은 것들의 때를 만나고 놓치고 그리고 흘려보냈을까 하는 생각을 하다 보면 툭 던지는 말 한마디에 실린 무게의 깊이가 느껴진다.

  겨우 지천명을 지나온 나이에 조금 맛본 삶의 정수도 이리 단데 나이가 들어가며 맛보게 될 달콤함과 시원함은 얼마나 대단할지 기대가 되는 것이다. 드문드문 희끗거리며 나고 있는 흰머리가 온 머리를 다 덮을 때일지 얼굴의 주름이 더 깊게 파이는 그때일지 알 수 없지만 그 시간에 내가 여전히 이 땅에서의 삶을 지속하고 있다면 지금의 내가 알지 못하는 삶의 신비를 때를 알고 살아온 자의 지혜를 가득 품은 자로 살아가고 있길 소망해 본다.

순자, 경희

 초등학교 때 우리 반 친구 중 순자가 있었다. 집에서는 순자였고 학교에서는 경희인 친구였다. 경희는 늘 헐떡이며 피곤한 모습으로 학교에 왔는데 제시간에 온 적이 거의 없었다. 선생님은 지각에 숙제도 해 오질 않는 경희를 자주 혼내셨고 아무 변명도 없이 경희는 아이들 앞에서 서 있다 들어오곤 했다. 자거나 졸고 친구들과 어울림도 없이 웅크린 채 늘 한 쪽에 있던 이 아이를 같은 반 친구들은 눈여겨보지 않았다. 지각하는 애, 정돈되지 않은 모습인 채 때로는 이상한 냄새도 나는 애 정도였다. 나도 우리 반 친구들처럼 경희를 눈여겨보지 않았고 때론 흉을 보기도 하며 경희를 스치는 아이로 만들었다. 경희는 하루에 한마디의 말도 섞지 않은 채 하교를 한 날도 있으리라 여겨진다.

　이런 경희에 대해 알게 된 건 오빠를 통해서였다. 경희네가 하던 식당이 오빠 가게 근처였고 이런저런 얘기를 하다 같은 학교, 같은 학년에 다닌다는 것을 알게 된 이후 경희는 내게 스치는 경희가 아닌 집에서 불리던 순자가 되었다. 순자의 사정은 딱했다. 어린 내가 들어도 가슴 아픈 삶을 살아가고 있었다. 아침마다 늦는 것도 어린 순자가 아침상을 치우고 학교를 오는 것이 이유였고 방과 후엔 식당 일과 배달까지 다닌다는 것을 알게 되었다. 언니와 오빠가 있지만 그들은 상전이었고 모든 일은 순자의 몫이었다. 큰소리가 나면 그것은 순자가 어머니에게 혼나는 소리였다. 이해할 수 없는 순자네 집이었는데 나중에 이유를 알게 되었다. 어린 아이를 데려와 일꾼처럼 부리며 키우는 집이 있다는 옛날얘기를 들은 적이 있었는데 그 당시에 순자도 그렇게 그 집에 들어온 아이였다. 엄마는 순자 얘기를 하며 가슴 아파하시고 나도 순자가 가엾고 불쌍했다.

　경희에 대해 듣고 난 후 더 이상 스치는 친구처럼 대할 수 없었다. 학교에서 경희에게 말을 걸고 함께 다니기 시작했다. 경희는 강한 인상에 이국적인 외모를 갖고 있었다. 토요 명화를 좋아하던 나는 경희를 보며 외국 배우 같다고 생각하곤 하였는데 강한 인상과는 달리 경희는 정말 착한 친구였다. 나는 경희가 점점 더 좋아졌다. 오빠 가게에 놀러 가서 경희네 식당을 기웃거리기도 하고 배달을 갈 땐 같이 가기도 했다. 운동을 시작하며 학교 친구들과 지낼 시간이 없어지면서 경희와도 흐지부지되어버렸는데 그러는 사이 중학교를 가면서 경희를 더 이상 보질 못했다. 가끔 오빠를 통해 얘기를 듣는데 경희가 다른 곳으로 갔다는 얘기만을 들었다.

 학교를 졸업하고 어느 날 새언니를 통해 경희 소식을 들었다. 나를 만나고 싶어 한다고 했다. 경희는 결혼을 하고 아이가 다섯 명인 엄마가 되어 있었다. 못 만난 시간 동안 살아온 얘기를 나누는데 경희는 여전히 착하고 고운 그리고 예쁨이 배우 못지않은 친구가 되어 있었다. 경희의 아이들은 착하고 예쁘고 똑똑했다. 경희를 생각할 때 지금은 어찌 컸을지 알 수 없지만 그 당시엔 사랑스러웠던 아이들을 생각하면 조금은 경희의 삶이 위로를 받았으리란 생각을 한다. 수업을 하다 보면 경희에게서 전화가 왔다. 중간에 짬을 내어 밥 먹으러 오라는 전화. 시간을 낼 수 있는 날엔 가겠다고 하면 경희는 한 상 가득 밥상을 차려 놓았다.

시간을 보며 몇 번이고 찌개를 데우고 김치를 있는 대로 꺼내고 아이들과 북다거리며 반찬을 만들어 상을 차려 놓았다. 밥을 먹으려 하면 조카들은 이모 이모 하며 달려들고 경희는 아이들을 쫓아버리고…… 정신없이 먹는 밥이었지만 준비한 마음을 아니 정말 귀한 밥상이었다. 어느 날인가 경희의 막내 쌍둥이의 생일에 나는 경희에게 경희 옷을 선물로 가져갔다. 경희는 어려서는 식당을 하는 어머니의 식당 일과 집안일을 하느라 친구들과 놀지도 못했고 만나지 못한 기간에는 옷 가게를 하는 언니네 가서 일을 하고 결혼해서는 시아버지와 결혼 안 한 시누이와 살며 뒤치다꺼리를, 아들을 바라는 시아버지의 성화에 애들을 줄줄이 낳아 아이들을 돌보며 살아왔다. 경희 삶엔 경희를 돌봐주는 이가 없었다. 예전이나 지금이나 경희를 생각할 적마다 마음이 아픈 이유다. 사람이 누군가에게 인생에서 한 번쯤은 오롯이 돌봄을 받으며 사는 기간이 있어야 하는 것 아닌가? 내 친구는 그런 시간이 없었다.

이렇게 지내다 경희 남편의 발령이 나고 경희는 다른 곳으로 이사를 갔다. 이사를 가고 경희는 연락이 되질 않았다. 번호는 바뀌었고 근황을 알 수 없던 어느 날 새언니에게서 경희가 병을 얻었단 얘기를 들었다. 경희 엄마를 지나는 길에 만났는데 그 얘기를 들려주었다며 전해 주는데 연락을 할 방법이 없었다. 얼마 전 새언니에게 혹시 들은 소식이 있나 물어보았지만 알 방법이 없었다. 그렇게 경희는 지금까지 어찌 되었는지 알 수 없는 친구가 되었다.

　동창생들에게 물어도 기억을 하는 이가 거의 없는 그러나 내겐 누구보다 생각나고 보고 싶은 친구. 외국 배우를 닮았던 내 친구 경희. '봉순이 언니'를 읽으며 계속 순자인 경희가 떠올랐다. 가끔 생각나는 지나간 시간을 함께한 이들 중 가장 그리운 이가 경희다. 어딘가에서 이제는 다 컸을 아이들과 잘 살고는 있는지 어찌 되었는지 길을 가다가 우연히라도 마주치면 좋겠는데…… 내 친구의 눈물 났던 삶이 '이제는 옛말하며 산다'는 말로 보상된 삶이 되었길 바라본다.

3장

―

오롯이

。

성긴 시간

지금 사는 집으로 이사를 와서 가장 좋았던 것은 거실 앞 풍경이었다. 붉은 황토로 지어진, 집 안에 벽난로가 있는 집 안의 모습도 근사했지만 넓은 창밖으로 보이는 시원한 전경이 좋았다. 이른 아침 차 한 잔 마시며 책을 읽어도 그냥 멍하니 창밖만 보아도 하루를 시작하는 고요함이 집 안을 가득 채웠다. 휴일 오후에 창문을 열어두고 뒹굴다 보면 저쪽 과수원에서 라디오인지 음악을 틀어 놓은 것인지 신나는 트로트가 들려오기도 했다. 어느 해인가 추석 명절엔 라디오에서 이사도라 던컨의 삶을 음악과 함께 다뤄준 적이 있었다. 바닥에 누워 치열하고 열정적이었던 던컨의 이야기를 듣다 그녀의 스카프가 나올 땐 오래전 봤던 모래시계의 한 장면과 겹쳐졌다. 스카프 날리던 철길 위에서 스카프를 잡으려는지 놓으려는지 알 수 없는 배우의 얼굴을 보며 그러나 알 수 있을 듯한 배우의 연기력에 감탄을 했었는데 던컨의 스카프는 상황이 다름에도 그녀의 삶이 모래시계 속의 그녀의 삶과 닿아있단 생각에 겹쳐 보인 탓이리라. 그날은 해가 지고 밤이 되어도 불도 켜지 않은 채 먹먹함에 가슴 아파했던 기억이 있다.

어느 해 겨울엔 창밖으로 휙 지나가는 것이 있길래 봤더니 고라니였고 또 어느 날 밤엔 창밖 작은 풀숲에서 살랑살랑 떠다니는 반딧불이의 불빛도 볼 수 있었다. 이런 시간을 주던 거실 앞 풍경이었다. 어느 날부터 뭐가 없던 집 앞엔 나무가 심겨지고 채워지기 시작했다. 그리고 나무는 쑥쑥 자라났다. 나무가 자라자 창문 밖은 초록의 나무로 가득 채워졌다. 초록으로 가득한 창밖은 더 이상 뒹구는 시간을 주지 않았다.

지난해 부지런히 안팎을 가꾸시던 분이 이사를 가시고 집 앞을 가득 채우던 나무가 몇 그루 베어졌다. 순식간에 집 앞은 다시 예전처럼 시원해졌다. 올해는 그 땅에 작은 텃밭을 일구었다. 몇 가지의 작물과 땅을 파고 비닐을 깐 후 다시 흙을 덮어 미나리도 키우고 있다. 작게 나물도 키우고 한쪽엔 시금치

씨도 뿌려 놓고 아침마다 저녁마다 발걸음 소리를 들려주고 있다. 그리고 다시 이른 아침 멍하니 밖을 바라보는 시간을 시작했다.

  가득 찬 시간과 공간이 주는 조밀함도 성긴 시간과 공간이 주는 느슨함도 함께 공존해야 함을 생각한다. 밖에서의 시간과 공간은 비움이 없이 움직여야 하는 생활이라 집 안에서만큼은 바람이 지나갈 길이 시원하게 성긴 그것을 소망할 수도 있지 않을까? 그리고 그 시원함이 가득 찬 것들을 식히고 넓혀주고 그래서 다시 채울 수 있는 시간을 만들어 주는 것은 아닐까 하며 글자로 나열된 지금 이 자리도 성긴 대로 마칠 생각이다.

우리 동네

    치악산을 뒤에 둔 우리 집은 시내에서 십오 분 떨어진 거리에 있지만 과수원이 있고 밭이 있고 논도 있는 시골이다. 가끔 버스를 타고 수변에서 내려 집으로 걸어오는데 더운 여름날엔 저 아래 시내와 이곳의 온도가 다름을 느낄 수 있다. 길을 걷다 보면 치악산을 넘어온 바람이 심어 놓은 작물을 지나 각각의 다른 향기를 품은 채 불어오고 봄에는 길 양쪽을 가득 채운 살구나무의 달콤함까지 더 해진다. 살구에서 나는 향기에 그 자리에서 대강 닦아 먹기도 하는데 매연, 먼지 이런 것들에 대한 걱정은 살구가 뿜어내는 향기 속에 이미 사라져 버린 뒤다.

집에서 나와 황골 쪽으로 걷다 보면 왼쪽으로 작은 길이 나오는데 이 길은 행구동 큰길 뒤에 있는 작은 시골길이다. 차 한 대가 지나갈 정도의 작은 이 길엔 사람도 차도 거의 지나가질 않는다. 길 따라 함께 내려가는 작은 시내에서 들리는 물소리, 길 너머 산에서 들리는 새소리 가끔 저쪽 동네에서 들리는 개 짖는 소리와 걸을 때 스치는 바람소리만이 이 길에서 들리는 소리의 전부이다. 이른 아침 이 길은 햇빛을 받아 반짝이는 이슬의 싱그러움이 가득하고 저녁 무렵의 길은 지는 해의 붉음이 치악산을 붉게 물들이고 아래로 내려오며 산 아래 동네를 그리고 내 앞까지 물들인 후 사라지는 모습을 보게 한다. 길 위에서 반짝이는 아침을 맞고 붉은 노을의 사라짐을 바라볼라치면 주체하기 힘든 마음은 통통 튀기도 하고 끝없는 고요 속으로 침전되기도 한다. 이 길은 끝도 없을 것 같던 힘듦이 이어지던 때 알게 된 길이었는데 나는 이 길을 걸으며 길 위에서 만난 자연에게 위로를 받고 있었다. 겨울을 견뎌낸 작고 여린 새 순이, 차가운 얼음 아래로 흐르면서도 경쾌했던 시냇물이, 가끔씩 음머 하던 착한 눈의 소가, 아지랑이 피어오르는 볏짚 위로 나오던 마늘 싹이 주는 생명의 신비가 인생의 겨울을 보내고 있던 내게 전해지자 이 길에서 겨울과 봄을 보내던 내 발걸음에 힘이 들어가기 시작했다. 그리고 발걸음의 힘은 삶의 힘으로 이어졌다. 생명이 생명을 살린다는 것을 이 길을 걸으며 알게 된 시간이다.

  이웃에 사는 어르신과 아침 산책을 다녀온 적이 있었다. 산책인 줄 알았는데…… 석경사를 지나기 전까진 산책이었는데 조금 더 가보잔 말을 들은 나는 그날 산을 넘어야 했다. 숲길을 헤치고 다다른 길은 행구동 맨 위 카페가 있는 동네였다. 황골에서 산을 넘자 행구동인 동네. 다시 길을 내려와 작은 길로 들어서자 마을이 보이고 구경을 하며 집에 돌아오는데 산책 시간만 두어 시간인 등산이 되어버렸다. 그날 나는 길이 길로 이어지고 있는 것을 걸으며 알게 되었다. 인생길도 이와 다르지 않음을 살아가며 배우고 있는데 길은 길로 이어지고 사람은 사람으로 이어지고 있음을 말 없는 길이 알려 주었다. 어르신과의 산을 넘은 산책은 더 이상 이어지지 않았지만 우연히 수변공원에서 만나 이들에게까지 이 길을 알려 줄 정도로 이곳은 잊히지 않는 곳이 되었다.

  친구 산방이 치악산 밑에 있는데 우리 집과도 그리 멀지 않은 곳이다. 가끔 산방에 들러 차를 마시는데 산방을 지나 조금 더 올라가면 이곳 또한 작지만 근사한 소나무 숲길과 산에서 내려오는 작은 계곡의 물을 볼 수 있다. 전에 마음이 상했던 날 상하게 한 이가 이곳을 걷자고 한 적이 있었다. 아무 말 없이 한참을 걷다 보니 마음을 상하게 한 상대였던 이와 다시 다정한 말을 나누고 있었다. 고요함이 주는 치유를 알게 된 날이다. 말이 마음을 만지기도 하지만 그냥 바람을 맞고 졸졸 흐르는 물에 손 한 번 담그고 길가에 피어난 꽃들을 바라보는 것만으로 마음이 만져질 수 있다는 것을 배운 날이다. 자연이 주는 소리는 소리가 아닌 고요함이란 막연한 생각이 확신이 된 시간인데 지금도 마음이 시끄러워지면 사람의 소리를 피해 자연의 소리, 그 고요함을 찾게 된다. 스스로에게도 아이들에게도 감정이 폭풍처럼 올라올 때 가만히, 고요함 속으로 들어가자 하는데 놀라울 정도로 이 시간이 지나면 폭풍이 가라앉음을 경험하게 된다.

몇 년 전 눈이 많이 온 날 차를 타고 가다 산을 보게 되었는데 눈으로 덮인 치악산은 웅장했다. 저 아랫동네에서 윗동네인 우리 동네까지 하얀 눈이 쌓인 치악산을 이어지게 보며 올라올 땐 그 근사함에 눈을 뗄 수가 없었다. 눈은 산을 쫓고 입은 감탄의 소리로 가득했다. 산을 오르는 것보단 보는 것을 훨씬 좋아하는 나로서는 설산의 웅장함을 매년 겨울에 보고 봄이 되면 연두가 초록으로 변해가는 시간을 보는 것도 행복한 순간이다. 나무는 생김도, 채도도 모두 다른데 어우러져 하나의 멋진 산을, 길가를 이루어 가는 것을 보면 신기하기도 하다. 올봄 문득 들어온 이 생각을 한동안 한 적이 있었다. 나무도 다 다르구나……. 사람이 다 다르듯 나무도 그렇구나 하는 생각을 하게 되자 자연의 모든 것들이 신비로워 보였다. 멀리서 보면 같은 초록인데 잎 하나하나마다 다른 초록을 지닌 것을 알게 된 것이다. 사람뿐 아니라 모든 만물이 다 각각의 자기다움을 지닌 채 살아가고 있다는 것을 나뭇잎의 다름이 알려 주었다.

우리 동네에 들어와 살면서 사계절에 따라 변화하는 자연의 신비를 보게 되었다. 늘 그 자리에 머물러 있는 거대한 치악산도 계절에 따라 변해가는 모습을 보며 그 안에서 치열하게 삶의 변화를 맞는 동물이나 나무나 식물들을 떠 올릴 수 있었다. 그 변화는 산 아래에서 마을을 이루고 사는 사람들의 삶의 움직임도 다르게 하였다. 사람의 움직임의 변화는 사람들이 일구고 살아가는 터전의 모습도 변화하게 하였다. 사람과 자연은 별개의 모습으로 변화를 이루는 것이 아닌 함께 성장하고 함께 열매를 맺는다는 것을 이 동네에 살면서 알게 된 것이다.

상처 난 곳을 만져주고 사람과 사람으로 이어진 삶의 길도 알려주더니 결국엔 '함께' 살아가고 있다는 것도 이 동네는 내게 알려주었다. 우둔한 사람을 깨운 우리 동네와 동네를 이룬

들과 길과 산은 좋은 친구이고 선생일 수밖에 없다. 나는 오늘도, 내일도 이어질 미래의 시간도 고요하나 분명한 자연의 이 소리를 듣기 위해 걷고 보고 생각할 예정이다.

거름 냄새와 함께 시작되는 봄

거름 냄새는 우리 동네에 봄이 시작되고 있다는 신호이다. 겨울이 끝날 무렵이면 길가의 한 귀퉁이에 거름이 쌓이기 시작한다. 여기저기 제법 높은 거름 포대가 쌓이고 스치는 바람이 날카로움을 벗어나는 그때부터 저녁 무렵 불어오는 바람에 거름 냄새가 실리기 시작한다. 한 동안의 시간을 온 동네가 그 냄새에 갇힌 듯 지내게 되는데 처음 이사 와서는 참기가 힘들더니 요즈음엔 봄이 시작되는구나 하는 생각을 하다 보면 어느새 아무렇지도 않게 그 냄새에 익숙해진다.

냄새가 끝나고 나면 이쪽저쪽에서 경운기 소리가 덜덜거리고 저기 앞 과수원집에서는 라디오 소리와 신나는 노랫소리가 들려오기 시작한다. 봄의 일이 본격적으로 시작된다는 뜻인데 이때부터 우리 동네는 봄의 경쾌함으로 가득하게 된다. 집 뒤의 치악산은 조금씩 아래쪽부터 색이 환해지고 동네의 여기저기 밭에는 이런저런 작물이 심기기 시작한다. 겨우내 갈색의 거무튀튀하던 땅을 갈고 거름을 뿌린 뒤 씨앗을 심기도 하고 모종을 옮겨심기도 한다. 길가의 나무에선 움이 트고 새 부리처럼 작은 연둣빛 잎들이 돋아나기 시작할 즈음이면 불어오는 바람도 훈풍으로 변해가고 길을 걷는 발걸음엔 음표가 실린 듯 경쾌함으로 가득 찬다. 햇살이 가득한 봄날의 한낮도 아름답지만 저녁 해거름 무렵 길을 걷거나 치악산을 뒤에 두고 맞은편의 노을을 보는 날이면 순간의 시간이 영원의 시간으로 바뀌어 가는 듯 황홀하다. 택시를 타고 온 날 택시기사님도 해 질 녘 큰 마당에서 해가 지는 시간 동안 해지는 모습을 보다 떠나는 것을 본 적도 있는데 가끔 나도 그 시간에 집에 들어오는 날이면 집에 바로 들어오기가 쉽지 않다. 봄날의 저녁은 바람도 달고 지는 해도 달고, 그 붉은 해를 받은 우리 동네나 저쪽 치악산 아랫마을도 아름답고 달콤하다. 휴일 오후 거실 창문을 모두 열고 차를 마시기도 하고 책을 뒤적이기도 하고 뒹굴기도 하는데 그 시간이 주는 충만함은 그 어느 것과도 비교가 되질 않는다.

봄을 제일 좋아하는 계절이라고 말할 순 없지만 마음이 먼저 알고 두근거리니 몸이 반응하지 않을 수가 없는데 지난봄 이런 마음이 너무 지나쳤는지 일어나기만 하면 사방으로 쏘다니기 시작했다. 조금씩 돋아나는 봄나물도 이때쯤이면 먹을 만큼 자라는데 봄에 취해 있느라 때를 놓쳐 꽃이 피어 버린 냉이는 그냥 눈으로만 보게 되었다. 집 앞에 지천인 쑥은 저녁 무렵 나가 먹을 만큼만 잘라 가루에 묻혀 금방 쪄 먹기도 하고 국을 끓여 먹기도 하는데 바로 가져온 쑥은 밥상을 향 하나로도 풍성하게 만들어 준다. 나도 겨우내 얼어있던 땅이 녹으면 집 앞 작은 공간에 텃밭을 만들 준비를 한다. 우선 땅을 뒤엎은 후 이랑과 고랑을 만들고 이랑 위엔 거름을 충분히 뿌려준 후 비닐을 씌워 씨나 모종을 심을 채비를 한다. 올해 나는 세 이랑을 만들었는데 그중 하나는 비닐 없이 키워보잔 생각으로 그냥 땅에다 작물을 심었다가 봄에서 여름까지 풀과 싸우느라 아침마다 땀을 흘려야 했다. 매년 심는 작물은 비슷하다. 쌈 채소랑 고추, 가지, 호박, 오이, 토마토 등은 매년 심는 것들이고 거기에 해마다 돌아가며 안 심어본 것들을 심어 나름의 도전을 해 보곤 하는데 올해는 산나물 몇 종류와 시금치, 그리고 땅을 파서 비닐을 간 뒤 다시 흙을 덮은 뒤 미나리를 심어 보았다. 조그만 텃밭은 마치 농업연구소처럼 이런저런 작물이 조금씩 심기고 나는 매일 밭에 나가 물을 주며 그것들이 자라나는 모습을 신기해했다.

생명이 있는 모든 것은 자라나고, 자라난다는 것은 시간을 함께하고 공간을 나누고 마음을 함께 한 것이기에 더욱 애틋해서 식물이든 동물이든 생명은 신비롭단 생각을 하게 되는데 봄에는 이 생각이 더 깊어지게 된다.

겨우내 닫혀있던 거실 문을 열고 밖을 바라보기도 하는데 해가 지고 어두움이 가득해지면 저만치 차의 불빛이 선명해진다. 낮에도 보였을 테지만 밤에는 불빛으로 인해 차의 움직임이 더욱 선명해지는데 어느 날엔가 그 불빛을 보다 어두움이 존재를 드러낼 수 있다는 것을 알게 됐다. 밝음이 모든 것을 드러나게 하는 듯 보이나 때로는 어두움이 더 선명함을 줄 수도 있다는 것을 알게 된 날이었다. 인생도 그렇지 않은지······

어두운 시절이 주는 선명함이 있다. 어두워야 드러나는 또 다른 존재. 봄이 주는 생명과 힘참과 푸르름도 결국 겨울을 지내야 볼 수 있는 것이란 생각이 든다. 겨우내 묶여있던 것들이 풀어지고 기운이 살아나고 태어날 생명이 봄의 기운을 받아 태어나고······. 추운 겨울 뒤에 맞는 봄의 따스함이 주는 포근함의 깊이는 추위가 혹독할수록 더 체감하게 되는데 우리의 삶도 크게 다르지 않을 것이다.

겨울이 지나면 봄은 반드시 오니 인생 또한 겨울을 잘 견디고 버티면 어느 날부터 봄 내음이 나기 시작하고 아주 빠르게 봄이 눈앞에 온 것을 알게 될 것이다. 시간이 나면 동네를 어슬렁거리는데 봄날의 어슬렁거림만큼 가슴 뛰는 계절은 없는 듯하다. 아직 날카로운 추위임에도 새순이 나 있는 것도 볼 수 있고 자라는 것이 눈에 보이는 듯한 나무들이, 풀들이 보이고 매주 산의 색들이 변하는 것을 볼 수 있다. '어느새'가 아니라 순간순간 눈에 보일 만큼 매일 다름을 보여주는 것이다. 힘든 시절을 보낸 후 봄의 시절이 도래하면 이렇게 '어느새'가 아닌 '이미, 지속적으로' 매일 달라지는 날들을 맞게 됨을 나는 나의 삶 속에서 알게 되었다. 겨울이 지나면 봄이 오는 이 자연의 순환이 우리네 삶과도 다르지 않음을 알게 된다. 그래서 나는 오늘도 삶이 신비하고 봄이 오는 것도 신비하다. 겨울이 지나면 반드시 봄이 온다는 것이 위안이 된다.

걷기의 힘

　지난겨울의 끝 무렵 새로운 길을 발견하였다. 걸어야지……. 걷기를 시작해야지 하면서도 매번 주차장을 지날 때면 차의 편리함에 결심을 거두곤 했었는데 지난겨울을 지내면서는 봄이 시작되면 꼭 걷기를 시작해야겠단 생각을 굳히게 되었다. 결심을 하자 급해진 마음은 봄이 시작되기도 전 겨울의 중간을 지날 무렵 걷기를 시작하기에 앞서 차를 처분하게 했다. 차가 없을 때의 불편함을 생각 안 한 것은 아니지만 그것보단 걸어야겠다는 생각이 먼저였다. 그리고 아직은 추운 그때부터 걷기를 시작하였다.

차로 움직이던 것을 다리로 움직이니 걷는 반경은 넓어지고 차비는 절약되었다. 버스를 타기 위해 10분 거리의 정류장으로 걸어가고 시간에 맞춰 차를 타기 위해 부지런을 떨고 환승을 익혀 나갔다. 약속을 정할 때도 차오는 시간에 맞추다 보니 차를 가지고 다닐 때의 게으름으로 인한 허둥댐도 줄어들었다.

처음에는 걷기를 즐기지 않던 다리였던지라 조금 걷는 거리도 무리가 되었는지 밤이 되면 다리가 쑤시고 발바닥엔 열이 올라오고 알레르기로 인해 찬바람을 맞은 피부는 두드러기가 돋아났다. 쉽지 않은 시간이었지만 시간이 지나면 낫겠지 하며 걷기를 계속하자 어느 날부터인가 다리의 아픔은 사라지고 시원함이 그 자리를 대신하였다. 물론 피부의 불편은 찬바람이 가시기 전까지 괴롭힘을 주었지만 그럼에도 걷기에 자신감이 붙자 걷는 거리도 조금씩 늘려가기 시작했다. 걷다 보니 새로운 길에 대한 호기심이 생겨나고 그 궁금함을 채워가기 시작하며 알게 된 새 길도 생겼다.

지금 살고 있는 곳은 치악산 밑 동네인데 차로 10~20분 거리에 원주 시내가 있지만 이곳은 아직 논밭도 있고 가끔씩 반딧불이도 보이고 겨울엔 창문을 통해 고라니가 뛰어가는 것도 볼 수 있는 곳이다. 이곳에서 시내로 가는 길은 몇 가지가 있는데 새롭게 발견한 곳은 사람들이 거의 다니지 않는 작은 시골

길이다. 양옆으론 밭이, 논이 그리고 몇몇의 집과 우사가 보이는 이 길을 걷기 시작하면서 길은 좋은 동무가 되어 주었다.

　추운 겨울을 이겨내며 피어나기 시작한 버들강아지를 처음 본 것도, 겨울 끝에 살얼음 사이로 흐르는 냇물 소리가 그리도 청아할 수 있다는 것을 알게 된 것도 이 길에서였다. 어느 날엔 짚으로 덮인 밭에 푸르른 싹이 나는 것을 보게 되었는데 어느 싹인지를 알기 전까지의 한동안은 밭을 지날 때마다 궁금함이 더해져 갔다. 싹은 날마다 조금씩 자라났다. 그리고 자라면서 익숙한 냄새를 풍기기 시작했다. 아침마다 궁금함을 갖게 한 싹의 정체는 마늘이었다. 봄이 가까이 오며 이 길은 점점 더 신비해졌다. 매일 걷는 길이지만 매일 다른 길이었다.

　지난겨울은 내게 그 어느 때보다도 추운 겨울이었다. 야심차게 준비했고 실패할 리 없다는 믿음으로 시작한 사업이 무너지고 있었다. 할 수 있는 유일한 한 가지는 힘든 상황이 매일인 시간을 이를 악물고 버티고 견디는 것뿐이었다. 겨울이 한참인 때 차를 처분하면서까지 걷기를 시작한 것도 아마 이런 이유 때문이었을 것이다. 마음 둘 곳 없고 힘든 생각 쏟아낼 곳 없던 그때 무기력은 나를 놓게 할 것 같았다. 버티는 방법으로, 견디는 방법으로 생각해 낸 것이 무작정 걷기라도 해 보자는 것이었다. 사람들이 별로 없는 길이나 밤 시간에 걸으며 걷는 내내 큰 한숨도 쉬고, 소리 내어 울기도 많이 울었다. 그러다 이 길을 알게 되었는데 50여 분을 걸으며 사람을 거의 볼 수 없는 이 길은 그때의 내겐 정말 안성맞춤인 길이었다. 겨울바람은 얼굴과 몸을 얼리는 대신 안의 뜨거움을 식혀버렸다.

  울음과 한숨으로 시작된 겨울은 봄이 시작되자 길 위에 있는 나도 변하게 하였다. 한숨과 눈물로 시작되던 길의 초입이 새로운 세계로 들어가는 신비의 문으로 변해갔다. 한 쪽 귀에 이어폰을 꽂고 걸으며 새소리, 물소리, 그리고 음악 소리의 합주를 감상하고 매일 다르게 피어나고 자라나는 새순들을, 새싹들을 바라보기 시작했다. 우사 앞에 서서는 너희가 날 보는 거니? 내가 너희를 보는 거니? 하며 소들에게 말을 건네 보고 길갓집에 사는 강아지가 나른하게 누워 가는 눈을 뜬 채 주위를 바라보는 것을 한참을 구경하기도 했다. 산수유인가? 했던 꽃은 매화였고 많은 종류의 나무 새순은 마치 버들강아지 사촌처럼 생겼다는 것도 알게 되었다. 그리고 이런 것들을 보고 알아가면서 크고 무섭게만 보이던 상황들이 조금씩 가벼워져 갔다. 터벅터벅 시작되었던 발걸음은 사뿐한 발걸음으로 바뀌어 가고 축 처졌던 두 팔은 힘이 들어간 팔로 바뀌어갔다. 팔과 다리에 힘이 생기기 시작하니 힘은 머리로, 심장으로 들어가기 시작했다.

힘든 상황들이 갑자기 나아지진 않았지만 지난봄 이후 팔과 다리에 들어가고 생각과 마음에 들어간 힘은 상황은 그대로일지라도 그 안에서 나를 강건하게 만들어 가고 있었다. 그리고 그 강건함은 버틸 힘을, 견딜 힘을 키워가게 했다.

 유난히 무더웠던 올여름엔 그 길을 걷는다는 것에 용기가 나질 않았다. 몇 번이고 이 길의 시작에 섰다 되돌아와야 했다. 가을이 시작되고, 가을이 깊어가며 이 길을 빨리 걷자 마음먹고 있는데 가을 길은 내겐 곱게 포장된 선물이기 때문이다. 두근거림으로 고운 선물을 바라보는 그 설레는 마음을 조금만 더 갖고 있고 싶다. 어느 날 문득 포장을 풀어야지 하는 마음이 생기는 날 이 길을 걸을 생각이다. 아무것도 아닌 것 같은, 이렇게 유난을 떨 필요가 있을까 싶은, 시골길을 걷는 일. 그 일이 내겐 비가 올까 마음 졸이며 기다리는 소풍날 같은 것이다. 고소한 참기름 가득한 김밥 냄새에 아침을 깨우고 일어나자마자 문으로 달려가 날씨부터 확인하게 되는 그런 날.

 지난겨울을 지나 봄을 맞이하는 그때 알게 된 새로운 그 시골길은 삶의 겨울을 지나고 있는 내게 봄이 곧 올 거라고……. 삶의 봄은 반드시 온다고 알려 준 선물 길이었다. 그리고 그 길의 얘기대로 삶의 봄은 겨울이 지나자 다가왔다. 겨울의 삶을 살아간다고 여겨질 때 길을 걸어보라고, 어느 길이든 걸어보라고 걸으며 길이 들려주는 겨울 뒤의 봄이 온다는 얘기를 조용히 천천히 들려주는 그 얘기를 들어보라고 조용히 얘기하고 싶다.

해가 지는 길

　해 질 녘에 길을 걷는다는 것은 걸음에 행복과 슬픔이 동시에 실린단 생각을 한다. 오랜만에 만난 친구와 이런저런 얘기를 나누고 집으로 들어오는 오늘 같은 날은 기분 좋음이 슬픔을 앞서는 날이다. 가을을 가장 깊게 느끼게 되는 이 시간……. 버스에서 내려 집으로 오는 거리가 조금만 더 길었으면 하는 바람을 갖게 된다. 감정의 깊이가 더해지는 시간을 보내는 아쉬움을 느끼며 걷기 때문일 것이다. 집을 향해서만 가는 시간. 그 시간의 행복과 끝나가는 시간의 아쉬움이 남는……. 그리고 형체가 분명치 않는 슬픔이 남는 시간이다.

어릴 적 엄마 손 잡고 시골 큰 집에 갈 때 여우가 나온다는 무덤가를 지나야 했다. 저 멀리 큰 집의 불빛이 보이고 무덤을 지나고 난 후의 안도감. 평원동 고모 집에서 태장동 우리 집으로 갈 때 어느 눈 내린 겨울 원주천 둔치 길을 가로질러 가야 했다. 어두움이 무섭고 겨울바람은 추웠지만 엄마 손 꼭 잡고 갈 때의 그 따뜻함.

엄마라고 무덤가의 두려움을, 겨울바람의 차가움을 모르진 않으셨을 텐데 어린 딸의 손을 꽉 잡고 걷는 걸음으로 딸의 무서움과 차가움을 엄마의 두려움과 추위를 아무것도 아닌 것으로 만드셨다. 해 질 녘 집으로 오는 길은 어렴풋한 그때의 기억들을 떠올리게 한다. 서늘한 서글픔과 따뜻한 온기가 공존하는 그때의 나로 돌아가게 한다.

어우러져 아름다운

　집에서 나와 수변 교차로에서 우회전을 하면 일터로 바로 갈 수가 있다. 시간이 없을 때나 다른 일이 있을 때는 우회전하는 그 길을 따라 나오지만 대부분의 출근길은 돌아오는 길을 따라 나오는 게 되는데 그 이유는 더운 여름을 지내는 사이 보게 된 접시꽃 때문이다.

　수변 교차로에서 조금 돌아 위쪽으로 가다 왼쪽으로 돌면 길이 나오는데 그 길을 따라가면 오리골 마을이 나온다. 오리골 마을에서 다시 우회전을 하며 쭉 내려가면 한산한 길이 나오는데 이 길은 차의 통행량이 많은 앞쪽 길과는 다르게 길도 좁고 다니는 차량도 그리 많질 않아 출근길, 퇴근길에 자주 이용하는 도로이다. 봄이면 길 양쪽으로 피어나는 벚꽃은 햇살이 가득한 날엔 눈이 부시고 비가 오는 날엔 소소하지만 선명하게 자기를 드러낸다. 해 질 녘에 이 길에 들어서면 다시 올 수밖에 없는 장소가 될 정도로 낭만적인 길이 되는데 여름날 벚나무 그늘이 이어지는 길을 따라가다 보면 여름의 청량함이 길에 가득하다.

  올여름도 이 길을 오고 갔는데 우연히 한 집과 그 집 옆의 옥수수 밭과, 밭과 집 사이에 어우러져 피어있는 접시꽃을 보게 되었다. 출퇴근길에는 스치듯 지나치는 곳이라 미처 보질 못했는데 어느 날인가 혁신도시 쪽에서 이 길로 들어설 때 눈에 들어온 곳이었다. 혁신도시에서 이곳으로 올 때 작은 다리를 지나게 되는데 다리를 지나며 보던 눈을 잠시 들자 길에서 조금 떨어진 곳에 집이 보였다. 주황색의 지붕을 덮은 그 집 옆으론 옥수수가 자라고 있었고 그 사이 앞쪽에 접시꽃이 피어 있는데 한두 개가 아닌 여러 개의 접시꽃이 색색이 크기도 다르게 피어나 있었다. 초록이 가득한 옥수수 밭을 병풍삼아 화려함과 다양함이 가득인 접시꽃이 어우러져 피어있는데 순간 멈칫할 정도로 고운 풍경이었다. 화려한 접시꽃만 있었어도 초록의 옥수수 밭만 있었어도 주황색 지붕과 하얀 담벼락의 그 집만 있었어도 스치듯 지날 곳이었는데 그 세 개가 어우러져 있자 그곳은 액자 속 풍경이 되어 지나던 내 눈에 들어온 것이었다. 한참을 그 모습 그대로인 그 곳으로 기회만 되면 아는 이들을 데려가 그 곳을 보여주었다. 길을 지나며 휙 보는 것이었지만 순간만큼은 근사한 그림을 구경하듯 아름다움을 선물하고 싶었다. 다행인지 함께 간 이들도 내가 느꼈던 그 소박한 아름다움을 함께 느껴 주었다.

시간이 지나자 옥수수가 수확되고 대만 남더니 얼마 뒤 베어졌다. 접시꽃도 꽃이 지고 대만 삐죽하니 남게 되었다. 옥수수 밭 옆, 접시꽃 뒤의 집만 주황색 지붕과 하얀 담벼락이 그대로인 채 남았는데 몇 번을 아쉬움에 오가는 길에 지켜보다 어느 날부터인가 눈길을 주지 않게 되었다.

처음 중학교에 들어갔을 때 버스에서 내려 한참을 걸어야 그 끝의 학교에 갈 수 있었다. 멀미가 심했던 탓에 버스에서 내려 한참을 속을 달래야 길 초입에 들어서는데 그때 저 멀리 학교가 보이면 먼 그 길을 가는데 그리 즐겁지 않았다. 그렇게 한참을 다니다 어느 날부터 보이지 않던 꽃이 보이기 시작했다. 양옆으로 심겨져 있던 코스모스가 피어나기 시작할 때 부터였다. 그 전에도 심겨있었고 분명 보였을 텐데 그냥 그때의 코스모스는 풀에 지나지 않았는지 기억도 나질 않는다. 하여튼 그렇게 한 두 송이 피어나던 코스모스는 곧이어 무더기의 꽃무리가 되어 길에 들어서면 학교 앞까지 쭉 이어진 길을 양쪽 가득 덮게 되었다.

  햇살이 비치는 아침에 길이 시작되는 곳에서 저 끝 학교 앞까지 이어진 코스모스 꽃을 보며 걷는 길은 어느새 너무 짧은 길이 되어버렸다. 조금 늦은 하교를 할 때 해가 질 무렵의 코스모스 가득한 그 길은 어린 중학생의 마음도 뛰게 하는 낭만적인 길로 변해버렸다. 그리고 처음으로 송이로 화려한 꽃이 아니더라도 무더기로 함께할 때 아름다움을 극대화 시키는 꽃의 힘을 알게 되었다. 1학년 한 해 근사한 경험 뒤 길을 정비한다며 그 아름답던 코스모스를 다 뽑아버리고 길을 넓혀 더 이상 볼 수는 없었지만 아직도 아침 햇살을 받으며 피어있던 코스모스가, 늦은 오후 반짝이지 않아도 풍성한 빛을 발하던 해를 받고 피어있던 코스모스가 내 안엔 남아있다. 중학교 동창에게 이 코스모스 길을 얘기하면 기억하는 동창이 없는데 너무 시간이 흘러서인지 아니면 코스모스길이 너무 짧게 머물러서인지는 알 수가 없다.

  멋을 근사하게 내는 언니와 가끔 산책을 간 적이 있다. 여기저기 피어난 원색을 꽃을 보며 예쁘다를 외치다 언니에게 어떻게 하면 근사한 색을 조합해서 멋을 낼 수 있냐 했더니 지금 보고 있는 그 꽃들처럼 조합하면 된다는 말을 해 주었다. 그렇게 강렬한 색을 조합해도 되냐 되물으니 언니는 자연이 가진 색이 가장 완벽하단 말을 해 주었다. 옳고 그름을 판단 할 수 없는 말이지만 멋쟁이인 이들의 옷차림이나 꾸밈을 보다 보면 언니의 그 얘기가 참 근사한 대답이었단 생각이 든다.

  자연과 사람의 힘이 들어간 것이던, 작고 소박해 보이는 것들이 어우러져 조화를 이루는 것이건 강렬한 색의 조합으로 이뤄낸 것이든 간에 홀로 빛나는 아름다움의 강렬함을 따라가진 못하더라도 함께 이루어가는 아름다움이 오랫동안 깊이 남을 수도 있다는 것을 나는 중학교 일 학년 때 알았고 청년 때에 배웠고 중년을 살고 있는 지금 확신하게 되었다. 내년 봄에서 여름으로 넘어갈 즈음 나는 옥수수 밭 옆, 하얀 담벼락 앞에 피어난 접시꽃을 또 볼 수 있을 것이다. 그리고 매일 오고 가는 길 함께 어우러진 아름다운 액자 속 풍경 속에 한참 머무를 것이다. 그러면서 내년은 올해보다 어우러짐의 아름다움을 더 깊게 생각할 것이고 자연뿐 아니라 지금 나와 함께하는 모든 이들의 귀함을 조금 더 생각하고 알게 될 것이다.

이기기 힘든 싸움

 텃밭의 풀이 무성하다. 쑥쑥 자라는 풀은 뽑느라 뽑는데도 다음 날이면 어딘가에 자라있고 또 다음 날엔 다른 곳에서 나타난다. 비가 내리고 난 뒤 잠시 게으름을 피우게 되면 풀은 감당하기 힘들 정도로 더 크고 장대하게 자라있다. 미나리 밭은 비닐 위에 만드느라 땅을 엎고 위에 비닐을 깔아 영역을 구분 지어 만들었음에도 그 사이에서도 풀은 자라고 있다. 두 개의 골은 그나마 비닐을 덮어 나은데 나머지 한 골은 풀이 나봐야 얼마나 나올까 싶어 그냥 심었더니 풀인지 나물인지 구분을 할 수 없을 정도로 무성하다.
 처음에 조금 자란 풀을 보며 좀 더 크면 뽑아야지 했는데 바

쁘단 핑계로 시간을 놓쳤더니 뿌리를 깊숙이 내린 풀은 무성하기도 했지만 땅속에 단단히 박혀 뽑히지도 않는다. 풀뿐만 아니라 작물도 하루가 다르게 커 가고 있는데 한눈에 들어올 정도로 조그맣고 여리던 것들이 밀림에 사는 전사와도 같은 모습들로 변하고 있다. 쌈 채소는 하루가 다르게 넓적해지고 고추와 오이는 여기저기서 달리기 시작하고 무엇보다 감당하기 힘든 것은 호박이다. 다른 작물 성장 속도와는 게임이 되지 않는 호박은 꽃이 피는가 싶더니 열매를 맺고 자라나는데 자라는 속도가 눈에 보일 정도이다.

여기저기 나누고 있음에도 이삼일이 지나면 또 자리를 떡하니 차지하고 있다. 아침에 텃밭에 나가 조금만 천천히 자라면 안 되겠냐는 시답잖은 말도 건네며 흐뭇함을 대신하고 있는데 내 말을 들을 호박이며 오이며 고추는 아닐 테니 자라는 속도를 어찌 맞출지 걱정 아닌 걱정을 한다. 여름 내내 텃밭의 풀은 무성해 질대로 무성해져 갈 것이고 상추며 호박이며 고추들은 감당하지 못할 정도로 자라날 것이다.

올봄 텃밭을 시작하며 나는 매일 자라나는 작물을 보며 미소를 짓고 아침마다 물을 주며 콧노래를 흥얼거리는 장면을 상상했다. 영상 속의 장면처럼 손끝을 우아하게 펼치며 차분한 미소를 머금고 상추를 몇 잎 뜯고 고추를 서너 개 따고 토마토를 몇 알 따서 밥상을 차리리라 마음먹었다. 그러나 과거의 상상은 상상일 뿐 현재 밭에 선 나는 흡사 전투 모드에 돌입한 병사가 되어 싸움에 임하고 있다. 한 잎 한 잎? 상추는 한 잎씩 고상하게 따는것이 아닌 밑동에 손을 넣어 두두둑 서너 장씩 따고 고추는 보이는 대로 후다닥 딴다. 그러다 보면 바구니는 가득이고 다시 며칠 뒤엔 다시 반복을 해야 한다. 작물이야 손끝 우아함은 이미 건너갔고 두두둑, 후다닥 딸지언정 수확의 기쁨을 주는데 풀은 아! 풀은 감당하기에 너무 벅차다. 봄에 작게 나올 때는 뽑기가 미안할 정도로 여린 애기 같았는데 뿌리를 내린 풀은 사춘기의 정점에 있는, 마치 중 1~2학년을 지내는 그…… 친구들 같다. 겨우 뽑아도 뿌리가 남아있으면 다시 자라나고…… 그리고 이 풀보다 더 힘든 것들이 있는데 진짜 작지만 강한 작은 풀들이다. 애들은 중 1~2 애들 중에서도 가장 정점에 있는 애들 같다. 비닐을 덮지 않은 한 골 정도야 하며 싶었는데 이 정도일 줄 몰랐다. 작물 사이로 파고들어 자라는 조그만 풀들은 뽑아도 뽑아도 끝이 없다. 뽑기도 번거롭고 수로 덤비는 이놈들은 정말 밭을 포기하고 싶게 만든다. 태생이 부지런하지 못한 나 같은 이가 비닐 없는 텃밭을 한다고 한다면 정말 말리고 싶은 것이 요즘 텃밭을 바라보는 나의 심정이다. 날을 잡아 할 일이 아닌데 나는 자꾸 날을 잡아 풀을 뽑으려 한다. 그러는 사이 풀은 자라고 밭은 밀림이 되어가고······. 시간이 없다는 핑계를 대며 시험이 끝난 후에 풀을 뽑자 생각은 하고 있는데 그사이 밭은 점점 더 밀림이 되어갈 것이다.

아이들 가르치는 일을 하는 나는 시험 때만 되면 준비를 하면서도 스트레스를 받게 된다. 늘 해 오던 일이고 비껴갈 수 없는 시간임에도 매번 되풀이 되는 것을 피하려 스트레스 없이 일하는 사람이 어디 있냐는 생각을 하며 마음을 다스리기도 하지만 쉽지는 않다. 이번에도 시험 준비를 하며 매번 하는 정도의 스트레스를 생각했는데 이번에 강도가 좀 되는지 감당하기가 조금 힘이 든다. 어느 날부터 날카롭고 체하고 머리가 깨질 듯 아픈 것이 이어지고 있는데 잠도 잘 자질 못한다. 약을 먹고 마음을 다스리자 하면서도 여전히 통증이 지속되고 있던 차에 아침에 밭에 나갔다 밭을 둘러보는데 밭의 상태가 나의 현재 모습인 듯했다. 잡초와 자라난 작물이 가득인 텃밭을 보는데 이것저것 엉켜 자라나는 밭처럼 내 안에도 수많은 생각이, 계획이, 그리고 결과에 대한 상상이 가득 엉켜 있음을 보게 되었다. 엉킨 마음은 사람의 말 한마디에도 영향을 받아 예단하고 속상해하고 일어나지도 않은 결과에 대해 미리 결정하고 마음 끓이고 속을 태우게 했다.

이번엔 왜 다른 때보다 더 심하게 이럴까? 하다 내린 결론은 내 안에 조급함이었다. 지금까지 지내오며 마음이 힘들 때 가만히 나를 살피다 보면 대부분의 이유는 내 안에 조급함이 가득할 때였다. 아이들 시험이 원인 같아 보이나 핑계를 찾느라 그런 것이지 결국은 내 안의 조급함이 나를 힘들게 하고 있는 것이었다. 글을 쓰고 싶다는 꿈을 이뤄가면서 내 안엔 빨리 성과를 내고 싶은 생각이 있었다. 아침마다 글을 쓰고 신이 나면서도 빨리 가고 싶다는 욕심이 자라고 있었는데 신이 난 나는 그것을 눈치채지 못하고 있었다. 그러는 사이 아이들 시험 준비를 하며 생각만큼 따라와 주질 않는 학생들에게 화를 내게 되고 그러면서 몸은 지쳐 가고 이런 상황의 반복이 지속되고 있었다. 조급함은 정리되지 않은 번잡스러움으로 나타나고 그것을 알지 못한 나는 들떠 있는 모습으로 우왕좌왕하게 된 것이었다.

정답인지 알 수 없으나 나를 좀 아는 내가 나의 모습을 보게 되었으니 천천히 걷는 것을, 차분히 바라보는 것을 다시 시도해야겠단 또 한 번의 결심을 하게 된다. 생각만으론 부족하다. 결심을 해야 한다. 천천히 익어가서 향기 가득한 글도 쓰고 싶고 아이들에게도 조급함이 주는 단기간의 성적이 아닌 실력이 쌓여 탄탄하게 이루어 내는 성적을 내게 하고 싶다.

이것은 생각만으론 이루기가 힘들다는 것을 안다. 매일 결심해야 하고 그렇게 살아가다 보면 조금씩 그렇게 익어가고 물들어 갈 텐데 그날이 오길 소망해 본다.

  여전히 텃밭의 풀과 쭉쭉 자라나는 작물을 정리할 생각을 하면 부담감이 있다. 내일 아침 그 일을 할 수 있을까 하는 의문도 있다. 그러나 오늘 알게 됐으니 오늘은 오늘의 삶을 결심대로 살아갈 것이다. 아이들과 시험 준비를 열심히 할 것이고 조급하지 않게 다른 준비도 해 나갈 것이다. 준비하는 것들이 생각보다 넘어가기 힘들겠지만 뛰다 보면 넘을 날이 올 수도 있고 만약 넘지 못하면 계속 뛰어보고 뛰는 것이 넘는 것을 앞서갈 수도 있겠단 생각이다. 텃밭의 일은 날을 잡아서 어느 날 하루 땀을 흘려가며 전력 질주하는 일이 아니란 걸 알게 되자 우리의 하루도, 하루의 삶도 전력 질주가 아니란 걸 다시 알게 되었다.

  가끔 최선을 다하는 구간이 나오지만 거의 대부분의 날은 그날 하루의 삶을 살아내면 되는 것이다. 텃밭은 매일 나가 물을 주고 손으로 잡히는 풀을 뽑고 자라난 열매를 거두면 되는 일이다. 날을 잡고 한 번에 모두 없애리라 마음먹는다고 마음먹은 대로 되는 것도 아니고 이겨보자 하고 전투력을 상승시켜도 이길 수도 없는 싸움인 것이다. 매일의 습관처럼 텃밭도 내 마음도 뽑고 다독이며 하루만큼씩 걸어가길.

목련

  목련의 색이 이상했다. 아기자기하고 오종종한 봄꽃과는 달리 우아한 귀부인 같은 그래서 꽃잎도 다른 봄꽃을 품을 수 있을 만큼 큰 목련은 나무에 달려 있을 때는 아름다움이 극에 달하는 꽃이라 생각했다. 나무를 벗어난 목련의 모습에선 나무 위에서의 고고함이 전혀 느껴지질 않아 서운해하곤 했었는데 나무에 달린 목련임에도 떨어진 목련의 그 색과 모습이었다. 지난해까지 보던 목련은 꽃잎 사이로 햇살을 바라볼 때 꽃 사이사이 비치는 햇살과 미색의 꽃잎의 어우러짐이 아름답다는 말 자체로 여겨질 정도였다.

어느 날인가 목련꽃차를 마실 기회가 있었다. 비록 땅위에 떨어진 목련의 색이었지만 그 향과 맛은 내가 생각한 목련의 고고함이 그대로 드러난 차였다. 여기저기 알아보고 차를 사고 마시면서도 살짝 아쉽게 여긴 것은 역시나 목련의 아름다운 색이었다. 그러다 시골길을 한참을 들어가야 만날 수 있는 식당에서 목련 색 그대로인 꽃차를 발견하였다. 맛과 향에 색까지 그대로인 목련은 그야말로 금상첨화였다. 나무에 달려서도, 찻잔에 담겨서도 곱고 단아한 목련은 봄의 우아함을 그대로 보여주는 꽃이었는데 그날 나무에 달린 목련의 색은 이상했다. 친구와 이런저런 얘기를 나누다 올 봄 더웠다 추워진 봄 날씨로 인해 그리된 것 같다는 나름의 결론을 내리게 되었다.

때가 되면. 많이 듣는 말 중 하나이고 많이 하는 말 중 하나이다. 때가 되어야, 모든 것은 때가 이르러야 돋아나고 피어나고 열매를 맺고…… 그리고 돌아간다.

가만히 지난날을 돌아보고 지금을 살아가면서도 어렵다 여겨지는 것 중의 으뜸은 기다림이다. 때를 따라 살아가는 삶. 때를 기다리는 시간만큼 긴 시간이 없고 사람을 조급하게 하는 일이 없다고 여겨진다. 때를 따라 사는 것이 결국은 순리이고 가장 최선의 결과로 이어진다는 것을 모르지 않음에도 쉽지가 않다.

날씨가 따뜻해 꽃을 피우고 이어질 줄 알았던 따뜻함이 추위에게 밀려나 결국은 나뭇가지 위에서 가장 아름다운 모습을 지녀야 할 그 위에서 떨어진 잎처럼 되어버린 목련. 그 목련은, 생전 처음 보게 된 낯선 목련은 내게 '때'를 생각하게 했다. '때'를 따라 사는 삶을 생각하게 했다. 자연의 이치를 따라 피어났던 목련꽃은 자연의 이치를 따라 사람들에게 사랑받는 모습을 잠시 잃었지만 또 생각해보면 다른 깨달음을 얻게 했으니…… 이 또한 '때'를 알게 하는 자연의 이치는 아닐까 하는 생각을 하게 된다. 나의 삶이 역류하는 삶을 살고 있지는 않은지…… 때를 거스르는 삶을 살고 있지는 않는지…… 아름다움을 잠시 잃은 올해의 목련이 내게 준 선물이다. 아름다움을 잃었다는 것도 내 기준이니 우둔한 내가 알아채지 못한 섭리가 있을 수도 있고.

피난처

    철봉이며 그네, 시소가 있던 운동장 한쪽 끝에 커다란 나무가 있었다. 그 나무가 미루나무였는지 플라타너스였는지 알 순 없지만 커다란 나무였고 그 나무 아래엔 나무로 만든 기다란 의자가 놓여있었다. 5학년 초여름이 시작될 무렵 그 의자에 길게 누워 하늘을 바라보았다. 수없이 많은 나뭇잎이 층층이 겹쳐진 채 바람에 흔들리는데 그럴 때마다 뒤집히는 나뭇잎은 강물의 윤슬처럼 반짝거렸다. 흔들리는 잎들 사이 햇살도 여기저기 정한 곳 없이 반짝이는데 실눈을 뜬 나는 손가락을 펴기도 하고 오므리기도 하고 뒤집기도 하며 한참을 그 아래 있었다. 살살 부는 초여름 바람에 스르륵 눈이 감기기도 했는데 그날 불어온 바람은 나뭇잎도 햇살도 흔들더니 나무 아래 누워있던 나도 흔들어 버렸는지 이후 나무를 찾아 땅에서 하늘을 보는 일이 잦아졌다. 초등학교 내내 그곳은 나만의 비밀 공간 나의 안식처였다.

  중고등 시절 토요일 오전 수업을 끝내고 집으로 돌아올 때가 가장 신나는 시간이었다. 등교할 때부터 다른 날의 등교와는 다른 해방된 하루를 보낼 것 같은 자유와 방과 후 친구들과의 시간이 줄 즐거움은 생각만 해도 신나는 시작이었다. 별일 없는 하루여도 괜찮았다. 가끔 어울리던 친구들과 헤어지고 혼자 시내에 있던 동화서점에 들르기도 하고 더 가끔은 군인극장 옆에 있던 꽃집에 들르기도 했는데 그때 교과서가 아닌 시집에 쓰인 시를 처음 읽게 되었다.
  김소월의 「진달래꽃」 워즈워스의 「초원의 빛」은 시가 주는 시어의 아름다움을 알려주었고 작은 화병에 꽂힌 장미는 한 송이의 풍성한 화려함을 맛보게 되었다. 그리고 당시에는 좋아하는 곡을 골라 얼마의 돈만 내면 테이프에 20~30곡씩 녹음을 시켜주는 일이 많았는데 시청 아래 있던 신화레코드는 나의 단골 가게였다. 토요일 오후의 자유와 그 시간을 채운 서점, 꽃집, 레코드가게는 청소년기의 내 안식처였다.

청년기에 들어서자 대부분의 친구들은 화려한 대도시에서의 즐거움을 좋아했다. 어려서부터 시골의 논과 밭이 좋던 나는 커서도 여전히 시골이 좋았다. 작은 내가 흐르는 곳 돌 위에 걸터앉아 흐르는 물소리만 들어도 좋고 가끔 날아오는 새들의 지저귐이 좋았다. 우연히 횡성 길을 지나다 발견한 작은 내가 흐르고 돌다리가 서너 개 놓인 곳이었는데 그 이후에 한두 번 더 가고 이래저래 못가다 얼마 전 가 봤더니 길을 잃었는지 찾기가 힘들었다. 가 본 적 없는 길을 찾아 작은 골짜기로 무작정 들어가기도 하고 강물을 따라 같이 흘러가기도 하며 나는 내가 살고 있는 이곳의, 근방의 아름다움에 감탄하고 행복해했다. 조금만 나가면 있는 풍수원과 배론성지의 성당은 가만히 묵상만 해도 좋았고 섬강과 남한강의 강물은 여름이나 겨울, 봄이나 가을 때마다 나를 강물 속에 고요히 품어주었다. 격변하는 마음과 미래를 고민하던 때 고요하지만 무엇보다 강인한 자연과 함께하며 그 시간을 흘려보낼 수 있었다.

 쓸쓸함이 무엇인지를 알게 될 무렵 커다란 도시가 주는 시끌벅적함이 신날 수 있다는 것을 알게 되었다. 어느 날은 남대문시장으로 어느 날은 백화점으로 또 어느 날은 종로로 쏘다니기 시작했다. 전시회를 갔다 유화의 강렬함에 마음을 뺏기기도 하고 뮤지컬을 보며 다른 세상을 경험하기도 했다. 휴가 때는 서촌 골목길을 걷다 그림을 보고 서점에 들어가 한나절을 보내며 혼자만의 시간이 주는 풍요로움 속으로 들어갔다. 휴가 때마다 가던 수도원의 고요함도 좋았지만 서촌의 게스트하우스를 방문하여 몇 날 며칠 동네를 어슬렁거리는 것도 행복했다. 옛 정서가 남아있는 골목길을 여기저기 걷고 대문이 예쁜 집 앞에서 한참 대문 구경을 하고 담을 따라 걷다 예전 담 하나를 사이에 두고 이런저런 얘기 나눴을 동네 아낙네들 생각을 하고 저녁이면 온 동네에 퍼졌을 찌개며 구이며 갖가지 음식 냄새가 피어오를 때 이 집 저 집에서 저녁 먹으라며 동네 아이들을 부르는 소리가 퍼졌을 그 골목을 생각했다. 생각만으로도 아름답고 눈물이 나는 정경이 눈앞에 펼쳐지는 것 같았다.

어느 날 가 본 장터는 정신이 없었다. 사람이 많고 소리가 많고 냄새도 많은 곳이 장이었다. 내 사는 곳에 오일장이 열리는 곳이라 시간이 맞으면 가곤 했는데 몇 번 다녀보니 재미가 있었다. 뭘 사지 않아도 사람 구경 물건 구경하는 것만으로 신이 나는 곳이 장이었다. 일을 마치고 가끔 장에 들러 장을 봐 오기도 했다. 풍물장에서 집까지는 20~30분 정도의 시간이면 갈 수 있는 곳이었는데 장 본 물건을 양손에 들고 둑길을 걸어 집으로 오다 보면 해가 지는 것을 볼 수 있었다. 나는 둑길을 걷고 둑 아래론 천이 흐르고 반대편 둑을 두고 그 뒤로 보이는 저 너머 산으로 해가 넘어가고 있을 때가 많았다. 노을이 지는 저녁 무렵의 시간 엄마가 기다리는 집으로 돌아올 때의 그 평안과 아주머니들과 얘기를 나누다가도 얼른 나를 따라 들어와 장 봐온 것들을 마루에 쭉 늘어놓으며 하루를 보낸 얘기를 시작하는 엄마를 바라볼 땐 이 세상이 주는 만족이 이런 건가 싶을 정도로 행복한 저녁이었다. 늦가을이면 홍시가 나왔는데 그때쯤의 장날엔 엄마를 위한 홍시가 늘 장바구니에 가득이었다. 엄마는 마루에 장 본 것을 펼쳐 놓을 때 홍시가 보이면 얼른 하나를 들어 반을 쭉 갈라 홍시를 드시곤 하셨다. 퇴근하는 아버지 손에 들린 누런 봉투가 아이들의 기대와 기쁨이듯 늦가을 장바구니 속 빨간 홍시도 엄마의 기대와 기쁨이었을 거란 생각이 든다.

나는 살아오며 때마다 나를 만져주는 피난처가 항상 있었다. 어릴 적 학교 가장 끝자락에 있던 나무, 그 나무 아래 작은 나무의자. 토요일 학교를 마치고 들르던 서점과 레코드가게. 물소리, 작은 새소리가 가득이던 시골의 작은 냇가. 그리고 고요한 수도원들. 사람 살아가는 소리 가득하던 제일 큰 도시의 이곳저곳. 활기 넘치는 장날의 장터. 그리고 늘 나를 기다리며 반겨주던 우리 엄마.

나는 지금도 언제든 찾아갈 수 있는 피난처가 또 마련되어 있다. 채비를 갖추지 않아도 잠시 다녀올 수 있는 곳들인데 아침에 마음이 동하면 두세 시간 짬을 내 돌아보게 된다. 강이 강으로 이어지고 산과 들의 변화가 눈에 들어오는 곳을 돌다 보면 보고 또 본 곳임에도 새롭고 아름다움은 배가 되어 버린다. 얼마 전 비가 오는 날 강가를 따라가는 길에 훅 들어온 생각이 '인생은 정말 살아 볼만하다'는 것이었다. 뜬금없이 들어온 생각에 한참 생각을 더 하게 되었는데 귀로 듣던 말이, 말로 하던 말이 가슴으로 느껴지는 말이 된 날이었다.

  살아가며 누구에게나 자신만의 피난처가 필요하단 생각을 한다. 그곳이 어디이든 간에 자신만의 피난처. 자기를 드러낼 필요가 없는 곳, 오롯이 '자기'혼자 존재할 수 있는 곳, 그래서 편안한 숨을 쉴 수 있는 곳. 내겐 조용한 자연도 피난처였고 사람 가득한 시장도 피난처였고 음악이 가득하던 곳도 피난처였다. 그리고 그곳들은 나를 만져주던 공간이었다. 아마 미처 떠올리지 못한 나의 피난처도 많을 것이다.

  '인생은 정말 살아 볼만하다' 생각이 들어온 날 한 번 더 사람과 공간과 시간에 감사할 수 있었다. 현재를 있게 한 과거의 모든 것은 나의 피난처였고 지금의 모든 공간과 시간, 그리고 사람들은 나의 미래의 피난처임을 '지금'의 나는 안다. 그래서 계속해서 나의 모든 공간 속에, 시간 속에 그리고…… 사람들 안에 피난처를 마련할 생각이다.

길, 강

 무슨 특별한 계기가 있었나? 생각을 해봐도 이거다 싶은 이유를 찾을 수가 없다.

 어느 날부터인지 알 수는 없지만 강이 좋았고 길이 좋았다. 〈눈길〉에서 아들의 발자국이 남겨진 눈길을 보던 어머니의 모습 때문이었는지 드라마로 만들어진 〈은비령〉에서 강원도의 굽잇길을 보여주던 영상이 기억에 남아서인지 알 수 없으나 길이 좋았다. 〈목계장터〉를 읽으며 〈섬진강〉을 눈으로가 아닌 소리를 내며 읽으면 강가 어딘가에 내가 서 있는 듯했다. 단강마을의 삶을 담담히 얘기해 준 〈하나님은 머슴도 안 살아봤나〉를 읽으며 남한강이 그리웠다.

  운전을 시작하며 길을 다니기 시작했고 강으로 달려가기 일쑤였다. 가다가 새로운 길이 나오면 무작정 운전대를 틀었다. 어느 날은 새로운 길이 전의 길과 이어지고 있었고 또 어느 때는 길이 막혀 한참을 고생하기도 했다. 밤에는 으스스한 경험도 하고 내비게이션이 없던 시절엔 길도 잃고 기름도 떨어져 가는 상황에 당황하기도 했다. 그럼에도 길은 길로 이어지고 길이 있는 곳에 결국은 사람이 있음도 알게 되었다. 운전을 하지 않을 때도 걷는 길이 주는 기쁨도 맛보았다. 매일 똑같은 듯하지만 다른 길이었다.

  집에서 나와 10여 분을 걸으면 버스정류장이 나온다. 그 길 양쪽엔 살구둑이 지명인 우리 동네답게 살구나무가 심겨져 있다. 살구꽃이 피어나고 살구가 열리고, 떨어지고 떨어진 살구를 밟기도 하며 가끔은 나무에서 바로 딴 살구를 맛보기도 하며 걷는데 왼쪽으로 고개를 돌리면 저 위로는 치악산이 보이고 쭉 내려오면 우리 동네의 밭과 과수원이 보인다.

  라디오를 크게 틀고 일을 하는 이는 부지런히 움직이고 길가에서 옥수수며 감자며 과수원에서 나온 과일을 파는 작은 과일노점상엔 옥수수가 나올 땐 옥수수 찌는 냄새가 진동을 하고 지날 때마다 엄청나게 짖어대는 타일 집 강아지는 하루도 빠짐없이 젖어댔다. 겨울 길의 백미는 눈 온 다음 날인데 길을 걷다 고개를 왼쪽으로 틀면 매번 탄성이 나오는 웅장한 치악산이 멋지다는 말이 절로 나오는 치악산이 보인다. 차로 이동할 때는 근사함으로 걸을 때는 소소함으로 감동을 주는 길.

 여러 시인의 책을 찾아보게 된 것은 우연이었다. 중학교 때 산 소월의 진달래꽃, 워즈워스의 초원의 빛을 몇 날 며칠을 소리 내어 읽으며 감탄을 하긴 했지만 그때였고 시보다는 다른 글을 더 읽게 되었다. 그러다 20대의 어느 날 작은 서점에서 〈몰운대행〉을 발견하고 충격이라고 표현할 만큼 두근거림을 경험했다. 그냥 좋았다. 천천히 한 자 한 자를 읽다 보면 시가 읽혀지는 듯했다. 그 뒤 미친 듯이 시집을 사서 읽었다. 〈사평역에서〉를 읽으면 눈가가 시큰거렸고 그러면서 아름다운 이 땅의 지명을 알고 그 땅에 살고 있는 사람들을 생각하기 시작했다. 그리고 물이 필요했던 사람들을 모은 강이 궁금해졌다.
 가까운 남한강을 찾아가며 그렇게 찾아가도 한 번도 질리지 않는 강이 신기했다. 강은 늘 그 자리에 있었다. 자리를 지키는 강이 좋아지자 그 옆으로 터를 잡은 이들도 궁금해졌다. 한동안 사진에 관심이 있을 때는 강가에 사는 분들의 모습을 찍어 보내드리기도 했는데 행복한 시간이었다.

어머니가 떠나시고 마음 둘 곳 없을 때 강으로 길을 따라 달려갔다. 한참을 그곳에서 강바람을 맞고 머물다 오면 숨이 쉬어졌다. 지금도 시간만 나면 내가 좋아하는 귀래, 목계, 소태, 단강, 부론 길로 달려간다. 이 모든 곳을 아우르는 강이 흐르는 곳에서 서성이다 오면 아무것도 없음에도 뭔가 있어진다. 길 위에서, 강가에서 나는 비로소 바로 설 수 있었다.

비틀거리면서도 앞으로 나아갔고 나아가자 숨이 쉬어졌다. 전처럼 숨을 쉬기 위해 길을 따라 강으로 달려가진 않는다. 지금은 그냥 달려가기도 하고 깊은숨이 주는 편안을 위해 가기도 하고 기쁨을 나누기 위해 가기도 한다. 길은, 작고 소박한 길은, 강, 잔잔하게 품고 가는 강은 나를 품어주는 나의 쉼터이다.

바다와 나

 나이 차이가 많이 나는 큰 오빠는 결혼을 하면서 올케언니의 고향인 부산에 정착을 했다. 오빠 집은 한참을 올라가야 하는 곳에 있었는데 오빠네뿐 아니라 대부분의 부산 집들은 언덕을 따라 지어져 있었다. 작은 욕실 문 사이로 아침이면 햇살이 들어오고 창을 열면 바다가 펼쳐져 있었다. 보석을 뿌려 놓은 듯 반짝이는 아침의 바다는 저녁 무렵 바다의 반짝임과는 차이가 있었다. 고요하고 적막한 것이 저녁의 반짝임이라면 아침의 반짝임은 활기차고 경쾌했다. 눈을 가늘게 떠야 담을 수 있던 아침 바다는 햇빛과 물이 만나 눈부시던 지점을 지나야 영도 섬과 부두와 아랫동네, 윗동네의 집들을 눈에 들어오게 했다.

  초량동 골목길을 따라 동네를 내려오면 자갈치 시장이었다. 시장은 늘 북적였다. 오가는 사람들 사이 좌판에선 생선 사라는 아지매들의 외침이 들려오고 부두를 따라 이어진 천막 식당 앞에는 연탄불에 익어가는 꼼장어가 내는 매캐한 연기와 구수한 냄새가 가득했다. 부산 사투리의 강한 억양은 알아듣기 어려울 때도, 때로는 싸우는 듯 들리기도 했지만 한참을 걷다 보면 발걸음이 빨라지고 내 목소리도 올라가 있었다. 기운이 저절로 솟는 자갈치는 바다와 동행하는 이들의 건강하고 치열한 삶을 볼 수 있었던 내 유년의 시간이었다.

  젊음의 상징 같은 푸르른 동해안의 바다는 활기찼고 뜨거웠다. 넘실대는 파도를 맞으며 소리를 지르고 뜨거운 햇볕에 살도 태우다 모래사장에 앉아 쉴 때는 저 멀리 방파제 끝에 서 있는 빨간색과 하얀색의 등대가 바다와 하늘과 어우러진 풍경이 눈에 들어왔다. 낭만이 더해지는 시간이었다. 고속버스에 텐트를 싣고 가 밤을 새우기도 하고 일출을 보러 밤 기차를 타고 밤새 달려가기도 했다. 뜨거운 여름의 열정이 사그라지고 온기가 그리운 계절이 와도 바다는 거기에 있었고 나는 달려갔다. '바다'는 내게 해방을 주는 곳이었다. 내 안의 꿈은 큰데 현실은 따라와 주질 않고 꺾으면서도 꺾을 수 없던 꿈에 대한 미련과 현실에 대한 원망이 가득한 때였다. 웃고 떠들며 활기차게 시간을 보내는 듯했지만 답답했고 불안했고 그래서 힘든 시간들이었다. 바다로 달려가 소리도 치고 뜨거워진 마음을 식히며 마음속 용암이 가득했던 그 시간을 버텨낼 수 있었단 생각을 한다. 청춘의 바다는 열정과 냉정을 함께한 청년의 시간이었다.

중년의 나이에 친구들과 함께 갔던 제주의 바다는 고요하고 아름다웠다. 친구들과의 여행을 끝낸 뒤에 혼자만의 여행을 제주로 정했다. 아무 계획 없이 간 그곳에서 유일하게 계획한 것은 바다를 따라 해안도로로 달려보자는 한 가지였다. 제주 바다는 바다만으로도 충분히 아름다웠지만 길 건너의 풍경과 어우러지니 더 근사했다. 중년의 시간이 주는 넉넉함 때문인지 오롯이 혼자인 시간이라 그런 것인지는 알 수 없었다.

저녁 무렵 숙소로 돌아오는 길에 해가 넘어가고 있었다. 붉은 해는 마지막 빛을 발하고 그 빛을 받은 들과, 그 빛을 품은 바다는 지는 것의 아름다움을 보여주고 있었다. 울음이 나왔다. 길가에 차를 세우고 그 광경을 보며 한참을 울었는데 그 울음은 슬픔도 아니고 아픔, 고통의 울음도 아니었다. 기쁨과 환희도 아닌 그 순간 그 자리에 내가 존재하고 있다는 것에 대한 감정이었다.

  산다는 것이 고단하다는 것을 조금 알게 되니 무탈하게 하루하루 보내다 이 세상 떠나는 날이 오면 조용히 가자는 생각을 하며 지내는 나날이었다. 지금은 지나간 날이지만 몇 년 전까지 힘든 시간을 보내야 했다. 힘든 날은 지나갔지만 나는 몇 년간 버틴 나의 상처를 돌아본다는 생각도 하지 못한 채 '지금'을 살고 있었다. '상황이 지나갔으니 끝났다. 되풀이되지 않게 조심하자.'하며 버티고 견디던 시간에 찢어진 '나'는 '나의 마음'이 받은 상처는 생각을 못 하고 있었다. 그런데 그게 아니었다는 것을 노을 가득한 바다가 알려 주었다. 차 안에서의 눈물은 차에서 내린 후에도 숙소에 도착해서도 이어졌다. 자꾸 울다 보니 내가 불쌍하고 울다 보니 기특해졌다. 견디는 시간은 상처가 생기는 시간임을 그래서 반드시 견디고 난 후 상처를 치료해야 함을 그날 알게 된 것이다. 눈물은 바닷물과 만나 나를 만져주고 있었다. 소금기 가득한 두 물이 내 상처를 씻어주고 소독을 하고 있었다. 저녁 내내 쏟은 눈물은 상처만큼 흐르다 쏟아지는 만큼 아물고 있었다.

  제주를 다녀온 후의 삶이 그것을 알려주고 있었다. 바다의 넘실거리는 파도처럼 살아야 한다는 희망이 생겨났다. 실패로 인해 움츠러들었던 꿈을 다시 꾸고 내가 살아가야 할 나의 삶에 대한 기대를 하고 있다. 제주의 바다가 준 선물이었다. 사람이 사는 소리가, 냄새가 무엇인가를 알려 준 자갈치의 바다. 젊음의 열정과 간절함을 갖게 해 준 동해안의 바다. 기우는 해의 붉음이 찬란하게 아름답다는 것을 상처의 치유를 통해 알려준 제주의 바다.

이어지고 있는 삶은 아름다운 시절이고 그 시절은 바다와 맞닿아 함께 흐르고 있다.

여름엔 걷는 것도 천천히 하라

텃밭에 나가 있는 시간이 줄어들고 있다. 특별히 해야 할 일도 없고 물만 주면 되는데 장마철에 내리는 비로 충분하니 아침마다 할 일이 없어지기도 했지만 더 큰 이유가 생겼기 때문이다. 얼핏 뱀을 본 듯한 날 이후로 즐거움을 주던 나의 텃밭은 두려운 공간이 되었다. 가끔 용기를 내어 밭에 가곤 하는데 오늘도 그런 날 중 하루였다. 심장은 두근거리고 혹시나 하는 두려움을 견디며 토마토 줄기를 올리고 고추, 오이, 가지를 따러 경중경중 뛰어다니고 있을 때 뒷집 목사님이 나오셨다. 얼마나 반갑고 마음이 놓이던지 그제야 흐르는 땀을 닦고 덥다는 말을 꺼낼 수 있었다. 목사님과 소소한 얘기를 나누다 필요한 것을 가지러 뛰어가려 하는 내게 목사님은 '여름엔 걷는 것도 천천히 하라'는 말이 있다며 뛰지 말고 천천히 가라고 하셨다.

천천히 걸어 필요한 것을 가져오며 입으로 이 말을 되뇌었다. 말을 들으며 입으로 다시 소리를 내며 든 생각은 표현의 아름다움이었다. 천천히 걸어라. 뛰지 마라. 직설적으로 표현하기가 더 쉬울 듯한데 '여름엔 걷는 것도 천천히 하라' 이런 점잖음으로 마음에 남는 표현을 한다는 것에 감탄이 나왔다. 덥고 짜증이 날 수 있는 계절의 날카로움이 전혀 느껴지지 않는 시원한 가을바람을 맞으며 걸어갈 때의 넉넉한 품마저 느껴지는 말이었다. 더운 날의 강렬함이 천천히 걷는다고 감소될 리도 없고 흐르는 땀이 줄어들 일도 없음에도 걷는 것을 천천히 해야지 하는 생각이 들면 호흡이 길어지고 걸음의 속도 따라 삶의 속도도 천천 바뀌어 버리는 마술 같은 일이 생길 것 같았다. 생각이 조금 더 나아가자 삶의 여름날을 살고 있는 우리에게도 이 말을 처음 시작한 이가 아주 먼 옛날의 어르신이 들려주시는 말 이지 않을까 하는 데까지 생각은 들어가 버렸다. 물리적 나이인 20~30대가 아닌 뜨거운 여름날의 땀처럼 삶의 땀을 흘리며 살아가는 우리에게 들려주는 말이란 생각이었다.

며칠 전 뉴스에서 뜨거운 날 밖에서 일하던 30대 청년이 세상을 떠났단 소식을 들었다. 지인의 아는 이가 일을 하다 쓰러져 유명을 달리했단 얘기도 들었다. 뜨거웠던 날의 일이었다. 열심히 부지런히 산다는 말이 내겐 빠르게 살라는 말로 들린 적이 있었다. 쉬지 않고 뛰는 삶을 사는 것이 잘 사는 것이란 생각에 지배된 이처럼 매일 매일의 삶은 바쁘고 일의 양도 많았다.

어느 해인지 친구들 몇 가족과 게를 쪄 먹자며 함께 모인 적이 있었다. 느긋하게 저녁도 먹고 얘기도 나누며 쉼을 가지려던 시간이었다. 게를 찌기 시작하는데 조급증이 나기 시작했다. 배가 고픈 것도 시간이 없는 것도 아닌데 친구에게 불을 확 올려서 얼른 먹고 얼른 치우자며 서두르자는 얘기를 건네자 친구는 그런 말 하는 나를 한동안 쳐다보았다. 그러더니 일중독인 것 같다며 가만히 앉아서 쉬고 있으라는 말을 하는 것이었다. 그 당시 일의 양도 많았지만 중간에 쉬면서 일하느니 얼른 하고 쉬면 된다는 생각에 늘 바쁘고 빠르게 움직이는 게 습관처럼 되어 있으니 그날의 느긋한 일정이 내겐 쉽지 않은 시간이었던 듯하다. 차에서 김밥이나 빵을 먹으며 이동하고 또 일하고⋯⋯ 그러다 병명도 뚜렷하지 않은 몸 상태가 되었다. 누워 있어야만 그나마 괜찮은 일어나서 움직이면 온몸의 기운이 빠지고 조금만 움직이면 힘이 들어 진땀이 날 만큼의 몸 상태가 되어버렸다. 몇 년을 고생한 후에야 몸이 나아지긴 했지만 힘든 시간이었다.

  얼마 전 방송에서 어느 작가의 말을 들은 적이 있다. 우리가 일을 할 때 가지고 있는 전부를 사용하기보다 남기고 사용을 해야 한다는 말이었다. 그리고 이어진 얘기에서 집에 있는 동안 누워만 있는다 는 얘기를 하였다. 집에 있을 때 누워만 있는 건 나도 그리하지만 일을 할 때는 능력이 없는 사람이라 그런지 자꾸 힘을 온전히 쓰고 그러다 일을 끝내면 병이 나는 게 일상이었다. 마치 100미터 달리기를 한 후에 소진한 사람처럼 긴 인생도 그렇게 뛰다 눕고 뛰다 눕고……. 누워서 쉬는 것이 아무 일도 하지 않고 시간을 보내는 것이 일로 인해 몸이 망친 일이 있었음에도 여전히 내겐 죄의식을 느끼는 시간이 된다. 쉬는 것, 일하지 않는 것이 게으름의 죄악을 저지르는 듯 여겨지고 삶을 낭비하는 것처럼 생각되니 이런 생각은 내가 좋아서 선택한 일에서조차 경직된 모습을 갖게 하고 아무도 보지 않음에도 보이지 않는 감시 속에 있는 이처럼 눈치를 보게 한다. 문제는 이런 모습이 나뿐 아니라 친구들과 학생들에게까지 적용이 되는 것이다. 그러지 않으려 매 순간 고민을 함에도 수시로 튀어나올 때가 많다. 뱉어내고 후회하고 다시 돌이키지만 동일한 실수를 또 범하고 그리고 후회하고…….

몇 년의 시간이 흐르면 내 나이의 앞자리는 또 바뀌게 된다. 지금의 나이도 제대로 인지된 지 얼마 되지 않았는데 또다시 그 시간이 되풀이될 나이가 되는 것이다. 어른이라는 말에 점점 더 가까워지는 나이로 변해가고 있는 것이다. 육체의 나이는 매년 한 살씩 늘어 가는데 나는 내 나이의 무게를 안 지가 얼마 되질 않았다. 어느 날 갑자기 툭! 하고 나이가 떨어지더니 그때 내 나이를 살아야겠단 생각이 들어왔다. 젊게 살고 어리게 살고 그래야 청춘이고…… 이런 열거의 젊음이 아닌 '열정'이란 단어도 20~30대의 그것이 아닌 어른의 '열정'으로 변해가야 한다는 나이의 무게가 느껴지는 시간이었다. 구분이 되어 지지도 않았고 구분을 해야 한다는 생각도 하질 못했는데 어느 날 툭! 하고 생각이 떨어지더니 기준이 되는 것들이 생겨나기 시작한다. 삶이 지속되는 한 열정과 열심을 내는 삶을 살아내야 한다는 생각에는 변함이 없지만 이젠 그 붉음이 다른 채도를 가진 붉음으로 색의 변화를 이뤄야 한다고 여겨진다. 새빨갛던 색이 붉음이 되는…… 그렇게 살아가다 더운 여름날 정신없이 뛰는 젊은 그들에게 '더울 땐 좀 천천히 걸어보라' 얘기 들려주는 그런 어른이 된다면 그보다 근사한 노년의 삶도 없을 듯하다.

아침에 나오며 비가 오길래 음악을 들으며 잠시 용소막 성당에라도 다녀올까 생각을 했다. 그런데 그 생각을 이긴 것이 얼른 가서 하던 일 하자는 또 다른 생각이었다. 시각을 다투는 일이 아니었음에도 또 한 번의 생각의 경직이 용소막으로 향하던 걸음을 돌려버린 거다. 이럴 때 툭 하고 잡고 있던 생각을 놓는 것. 나는 이것이 또 하나의 나이의 여유라고 여겨지고 붉음이라 여겨진다. 젊음의 붉음이 열정이라면 중년의 붉음은 여유가 되고 노년의 붉음은 무엇이 되어 다가올지 궁금해지는데 나는 이 생각을 잠시 접고 글쓰기를 마치면 바로 일어날 예정이다.

어제는 처서였고 비가 내리기 시작하자 뜨거움이 가시고 있다. 비가 그치면 선선함이 시작될 것 같은데 선선함은 점점 서늘함으로 변화되고 그러다 금방 추워질 것이다.
더울 때는 걸음도 천천히 해야 했지만 이제는 제 걸음으로 걸어도 되는 시간이 다가올 텐데 아마 더위에 천천히 걸음을 옮긴이라면 선선한 가을의 걸음도 그리 빠르진 않을 것 같다. 나의 걸음도 여유의 걸음이 되길…….

집일보했는가?

 삼 년 전쯤인가 아이들이 학교에서 키우던 아이비를 학원에 두고 갔다. 집에 가져가기 귀찮다며 두고 갔는데 그때부터 울며 겨자 먹기로 아이비를 키우고 있다. 우리 집엔 화초가 가득이었다. 화초를 좋아하던 엄마는 베란다에도 거실에도 화초를 가득 두고 돌보셨다. 교회에서 죽어가는 나무가 있으면 집으로 가져와 살려낼 정도로 화초를 잘 알고 또 좋아하셨는데 여행을 가면서도 엄마는 나보단 화초 걱정을 먼저 하셨다. 여기저기 설명을 하며 물을 주라고 꼭 주라고 신신당부를 하고나서야 여행을 떠나셨다. 물 주는 게 뭘 그리 어려운 일이냐며 알겠다고 했지만 물 주는 건 문제가 아니었는데 문제는 물을 줘야 한다는 생각을 못 하는 게 문제였다. 생각이 나면 물을 주는데 그 생각이 나질 않으니……. 엄마가 돌아오기 전 다행히 생각이 나면 흠뻑 주는 물로 조금 윤기가 돌아오게 하는데(근데 엄마는 이것도 알아차리시니) 아예 생각조차 못 할 때는 이박 삼일을 넘게 혼나고 또 혼나고 생각나면 또 혼나고……. 이렇게 무심한 사람이고 관심도 없는 사람인데 이런 내게 아이비 화분 두 개가 생겨난 것이었다.

아이들은 다시 가져가라는 말에 가다가 버리겠다고 협박을 하고 가져가겠다던 친구는 가져갈 시간을 매번 놓치고 그러면서 삼 년의 시간을 아이비와 함께했다. 무심한 내 곁에서 아직 살아있는 건 무던하게 클 수 있는 아이비의 특성 때문인데 햇빛을 쐬지 않아도, 물을 자주 주지 않아도 생명을 유지하는 아이비의 생명력 덕이다. 어떤 아이는 자기 집 아이비는 죽었다며 아직 살아있는 교실의 식물을 신기해하기도 하고 다른 아이는 자기 집의 것보다 더 크다고 하는데 이유는 잘 모르겠다. 물만 가끔 주는데도 가끔은 한참 목마름을 겪게 한 후에 주기도 하는데 처음 올 때보다 많이 자라긴 자란 듯하다. 이젠 제법 늘어진 모양새로 책장 한 편을 가득 채운 두 개의 화분을 보다 보면 눈에 보이듯 자라진 않았으나 조금씩, 한 걸음씩 자란 이놈들이 대견하단 생각도 든다.

올봄 친구에게 화분을 받았는데 화려하고 고운 빛깔의 꽃

화분이었다. 교실이 화려해질 정도로 환한 꽃을 보며 신나 하는데 문제는 관리였다. 금방 꽃을 피우고 자란 것이 무색할 만큼 햇빛과 물을 주는 것에 관리가 아주 까다로웠다. 아이비 정도만 하면 되겠지 하다 한 번의 꽃을 본 이후엔 시들어가고 죽어가는 화분의 꽃들로 인해 잠시 마음이 편하질 않았다. 보이지 않았으나 조금씩 자라고 있는 아이비가 내겐 딱 맞는 식물인 것을 안 것이 다른 화분이 내게 알려준 사실이었다. 자라는 것이 눈에 보이고 화려함으로 자기를 나타낼 줄 아는 화분은, 그래서 까다로울 수 있는 화분은 화초에 무능력한 내겐 어울리지 않는 식물이었다. 화려한 꽃도 없이 삼 년 내내 잎만 조금씩 자라고 있는 아이비.

아이들을 가르치면 느리더라도 조금씩 성장하는 아이들을 바라볼 때 힘이 난다. 처음엔 답답하고 화도 나고 문제를 파악하느라 머리가 아플 정도로 신경을 쓰지만 늘 그 자리인 아이를 대할 때면 무력감에 힘이 들 때가 많다. 그런데 어느 날 그 아이가 걸음을 옮기고 있는 것을 발견하고 나면 다시 힘이 솟고 고마움에 더 강한 신념으로 다시 가르치게 되는데 이것은 학습뿐만이 아니란 생각이다.

후배들이나 선배, 친구들과 이야기를 나눌 때가 있다. 일상의 얘기가 아닌 그들의 사고와 삶에 대한 가치, 거창함으로 포장되지 않는, 살아가는 인생에 대한 철학 그리고 바른 신앙에 대한 고민을 나눌 때가 있는데 현재와 과거의 차이점을 발견할 수 없을 때가 대부분이다. 자신들이 세워놓은 기준을 지켜가는 삶이라 그럴 수 있다고도 생각되지만 삶에 대한 고민과 신념에 대한 끝없는 물음을 묻는 길을 가고 있다면 변화를 이뤄야 한다는 것이 나의 생각이기에 그들의 한결같음에 고개를 끄덕일 수 없는 순간도 생겨난다. 기준의 세우며 사는 삶이라 할지라도 앞서간 선생들의 삶을 탐구하며 새로운 길을 발견할 수도 있고 신앙도 스승이며 주인이신 분의 길을 좇다 보면 나를 주장할 수 없는 나의 모습을 고백할 수밖에 없음에도 30, 40, 50, 60의 시간을 지내며 여전히 한 생각 속에 머무르고 여전히 은혜를 얘기하며 자기를 신나게 자랑하는 모습을 보자면 날카로움으로 대할 수밖에 없는 나의 모습이 된다. 너는 뭐 다르냐? 하는 물음이 올 때 다르다고 얘기하면 교만하다 할 것이고 겸손을 가장한 모습으로 부끄럽지만 다르지 않다고 한다면 너도 그러면서 뭘…… 이라는 반응이 나올 것이다. 그래서 굳이 나는 다르지도 다르지 않다고도 대답하진 않을 생각이다.

육신의 나이가 드는 것은 자연스럽게 얻어지는 시간이다. 그러나 나이가 들며 어른다워진다는 것은 자연스럽게 얻게 되는 것과는 다른 시간의 가치이다. 신앙을 가진 이들에게 십자가를 지는 삶은 자연스러운 삶이 아니다. 자신의 본성을 역행하는 삶이다. 우리의 본성과 우리의 생각을 역행하며 옳고 그름의 기준을 따라가는 삶도 나는 역행의 삶이란 생각을 하고 있다. 본성을 거스르는 삶이기 때문이다. 돈돈돈 하는 세상에서, 숫자가 거의 모든 것을 판단하는 세상에서 사람의 중함, 사람의 가치를 얘기하는 삶은 역행하는 삶이고 퇴보하는 이처럼 보이는 삶이다. 주님 한 분 만으로 만족하다는 찬양을 소리 내어 하면서도 정말로 그분 한 분으로 만족한 삶을 살고 있는가? 축복이라는 것이 물질의 풍요로움으로 가늠되는 그것이 믿음의 경중이라고 판단하는 곳에서 십자가의 죽음으로 구원을 이루신 이 한 가지면 충분하다고 외치는 것이 미련한 외침이고 역행하는 신앙의 삶이다. 역행은 뒤고 퇴보이다. 그러나 정말 그러한가?

  나이가 든다는 것이, 어른다운 삶을 산다는 것이 그냥 얻어지는 삶이 아니란 것을 알기에 시간이 주는 선물인 세월을 받는 것만으로 만족하며 살기엔 좀 아쉬운 마음이 든다. 선물이 이왕이면 여러 개가 될 수 있도록 팔은 뻗고 마음은 열고 사유의 깊이를 조금씩 더 파 나간다면 좀 더 나은 어른이 될 수도 있겠단 생각이 드는 것이다. 사람이 가치가 그 무엇보다 소중

하다는 것을 알아가는 어른. 존재의 귀함을 알기에 그 누구도 함부로 하지 않는 어른. 가장 위대한 죽음으로 살아난 인생이기에 이 한 가지만으로 충분하다고 고백하는 어른. 지금의 나를 지나가 이런 어른이 되고 싶은 한 가지 소망으로 살아간다면 그 끝자락에라도 조금은 서 보고 이 세상을 마치는 어른이 되지 않을까 하는 기대를 하게 되는데…….

삼 년 전 아이들 둘이 버린 아이비가 삼 년의 시간의 힘에 물을 주고 마음으로 잘 자길 바란 우리 반 아이들과 나의 마음이 전해져 이젠 책장을 가득 채운 아이비가 된 것처럼 지천명을 지난 지 얼마 되지 않은 내가, 지천명이란 말이 무색한 내가 그래도 어른이 되는 그날을 꿈꾸며 날마다 진일보 한다며 어른의 언저리에는 가보지 않을까 하는 마음으로 나의 삶을 살아갈 예정이다. 예정이 아닌 결심이다.

미래의 과거, 현재

　청소년기를 전주에서 보낸 이와 갑작스럽게 전주를 다녀왔다. 처음 방문하는 전주는 한옥마을 외에는 아는 것이 별로 없는 곳이었다. 사람들로 가득한 한옥마을은 사람 구경만으로도 재미가 있는 곳이었지만 정신은 없었다. 사람이 그나마 적은 이성계 어진이 보관된 박물관 나무 그늘에 앉아 시원한 바람을 맞고 있었다. 동행한 이가 청소년기를 전주에서 보낸 이였음에도 20여 년 만에 방문한 전주는 많은 곳이 달라졌다며 생소해했다. 전북대학교 내에 있는 부속 고등학교를 나왔다는 이를 따라 학교를 방문하였다. 방문 전부터 학교 얘기를 시작한 이는 내내 그의 청소년기의 이야기를 들려주었다. 양쪽에 심겨진 나무 사이로 난 길을 따라가며 교복을 입고 재잘거리며 등교를 했을 그때의 학생들이 곁을 지나는 듯했고 여자아이들이 지나갈 때 휘파람과 소리를 질렀다던 남자아이들의 시끌벅적한 소리가 들리는 듯했다. 해가 떠 있을 때 하교를 하는 토요일 방과 후에 친구들과 학교를 나설 때는 또 얼마나 신났는지를 들으며 나도 그때의 나로 돌아가 있었다. 힘든 여러 상황이 있었지만 그때가 행복한 시절이었다는 이의 말은 나에게도 해당하는 말이었다. 지나간 시절이라 지워지기도 하고 각색되기도 했겠지만 그 시절은 분수 사이로 햇살이 비춰지는 듯 투명하고 빛나는 시간임에 분명했다. 물방울이 보석처럼 알알이 빛나던 시절. 빛나던 그 시절의 얘기를 하는 이의 말을 듣는데 한 편으론 아름답고 또 다른 한쪽에선 눈가가 시큰거리고 가슴이 먹먹해졌다. 중년의 나이를 지나가며 소녀 적의 나를 바라본다는 것은 아름답지만 먹먹한 회상이다.

생각해보면 그때의 우리가 마냥 행복하지만은 않았을 텐데 왜 그리움으로, 행복한 추억으로 기억이 될까? 성적의 부담감, 친구와의 갈등, 미래에 대한 불확실성, 불만족한 현실, 이런 것들이 우리의 발목을 잡았을 텐데 지금의 우리는 그때의 웃음, 신나던 친구들과의 시간, 마냥 낭만적일 것 같은 미래만을 생각하는 그때를 추억하고 있다. 과거의 추억이 이런 힘으로 우리를 받치고 있다면 우리의 미래도 지금의 우리를 그렇게 기억하고 추억하지 않을까? 하는 생각을 하게 되는데 현실의 여러 문제가 우리를 힘들게 하고 한숨 나오게 하고 때론 이 땅에서의 삶마저 포기하고 싶게 하지만 미래로 먼저 가 지금의 나를 본다면 넘어갈 수 있는 힘을 얻게 되지는 않을까 하는 생각이 든다. 현재의 내가 어떠하든 지금 누리는 일상들이 추억이 되었을 땐 얼마나 그리운 과거가 될까? 여고 시절의 그때처럼 풋풋하긴 힘들지라도 지내온 모든 시간은 지나가는 모든 순간과 앞으로의 시간들은 아름다운 추억의 공간으로 채워져 갈 것이다.

돌아갈 수 없기에 아름다움으로 포장된다는 생각도 하게 된다. 돌이킬 수 없기에 고칠 수 없는 시간이기에 아름다웠던 시간으로 약간의 왜곡을 하는 것은 아닌지 심리학을 깊이 배운 일이 없어 단정할 수는 없지만 어릴 적 일기장을 보면 나의 하루하루는 신나는 날이 별로 없었음에도 지금은 아름다운 그때라고 기억하는 걸 보면 기억도 나의 선택에 따라 바뀔 수 있겠단 생각이다. 친구와의 갈등, 현실에 대한 원망, 미래에 대한 압박, 그리고 누군가를 향한 아픈 마음이 일기의 주된 내용이었다. 내 머릿속이 기억하는 추억과는 좀 많이 다른 것들이 적혀진 일기장을 읽다 보면 아름다운 추억이 마치 사라지는 듯

해 얼른 덮게 된다.

　지금도 살아내 보면 아름다운 추억의 '지금'으로 미래의 내 곁을 채울 것이다. '옛말할 때 온다' 는 말을 어른들에게 들어왔다. 무슨 말일까 했는데 나이가 먹어가며 조금씩 이해가 되는 말이다. 옛말할 때는 과거이고 과거는 추억이 되어 우리의 눈가를 시큰거리게 하고 마음을 먹먹하게 할 것이다. 미래의 내 기억을 크게 왜곡되게 하지 않는 삶을 살아가고 싶다는 생각을 하며 살고 있다. 과거의 실제와 추억이 일치되는 삶, 그 삶은 현재의 나도 미래의 나도 같은 삶의 선상에 놓을 테니 그 삶을 위해 오늘 하루도 신나게 살아야 한다. 현재의 행복이 미래의 행복이다.

| 수필평 |

모성, 그 비국소성의 파랑波浪

시인 **이무권**

　모든 글쓰기는 자기 현시의 한 통로이다. 인간 정신을 표현하는 언어 예술인 문학 장르 가운데서도 수필은 그러한 성격이 두드러지는 분야라 할 수 있을 것이다. 작가의 내면에 있는 감성을 날것 그대로 그려내는 그림이기도 하고, 지나온 발자국과 지금 서 있는 자리의 삶의 양식이 미래로 투사되고 예감되는 한 인격의 사유와 몸짓의 입체적인 표상이기도 하다는 뜻에서 '글이 곧 사람이다'라는 오래되어 바래버린 명제에 철 늦은 정합성을 수긍하지 않을 수 없게도 한다. 그러하기에 이런 형식의 글에는, 인도에서 중국으로 가 선종의 1조가 된 달마와의 문답으로 유명한 양 무제의 시대인 6세기 초, 동아시아 문학 이론의 전범이라 할 『문심조룡文心雕龍』을 저술한 유협이 그 책의「정채情采」편에서 말한 대로 늘 과장과 은폐의 문법이 동원될 위험성이 내재하고 있다.

> 뜻은 대부의 수레와 관모를 깊이 동경하면서도 작품의 내용은 은둔으로 나타내어 노래하고, 마음은 세속의 정치에 집착하면서도 창작의 내용은 공허하게 신선의 세계를 서술하니, 작품의 내용에 진실한 감정이 존재하지 않아서 작가의 마음과 작품의 표현은 반대로 날게 된다.[有志深軒冕 而汎詠皐壤 心纏幾務 而虛述人外 眞宰弗存 翮其反矣]

같은 언어의 문화권에서는 일상에서 소통이 되지 않을 만큼 많은 말과 문자가 동원되는 일은 없다. 모두 공유하고 있는 언어들이고, 유행을 따른 신조어나, 전문어, 그리고 외래어 극소수를 제외하면 달리 주석이 필요치도 않다. 그러나 각 개인이 사용하고 있는 말이나 글에는 그만의 독특한 언어 취향이 발현되기 마련이다. 발화되는 말의 결에는 그 말을 하는 사람의 내심이 묻어나온다. 남들은 그 내면의 정서를 읽고 있는데 정작 본인은 청자의 반응을 제대로 읽지 못하고 자기 말만 반복하는 경향은 예나 지금이나 변함이 없는 듯하다. 가끔 보내오는 문인들의 작품집이나 하도 요란한 서평에 현혹되어 찾아보는 베스트셀러라 일컫는 책을 읽다가, '제 자랑뿐이군'하는 생각에 책장을 덮었던 기억이 한둘이 아니다.

이런 측면에서 강화진 작가의 글은 우선 편안하게 읽힌다. 정직하다, 겸손하다, 따뜻하다는 말로 강 작가의 서평을 시작할 수 있어 안도감이 든다는 말이다.

엄마 그리고 엄마 되기

학원에서 수학을 가르치는 일을 본업으로 하는 작가가, 뒤늦게 문학적인 글쓰기에 뛰어든 뒤 처음 책으로 묶어 발표하는 이번 작품집은 한 마디로 '엄마'에 대한 헌사라 할 수 있을 만큼 처음부터 끝까지 엄마의 기억으로 점철되어 있다. 일찍이 아버지를 여의고, 장성한 오빠들도 독립해 나간 뒤, 어린 딸인 작가와 단둘이 살면서, 생계를 위해 바깥일을 하느라고 어린 딸과 함께할 여유가 없었던 어머니, 그리고 그 엄마를 기다리느라 춥건 덥건 밤늦도록 온 집 안에 불을 켜고 문을 활짝 열어둔 채 이웃 아주머니의 친절한 호의마저 거부한 채 홀로 잠이 들기도 하고, 때로는 사소한 일에 고집을 부리다가 엄마에게 혼나기도 하면서 성장하여 그 엄마를 모시기까지의 일화들과 그 어머니를 떠나보낸 슬픔의 잔영들을 담담하게 되새긴다. 어릴 적 딸의 바람이 엄마와 함께하는 시간이고, 그 기다림이었다면, 성장한 이후에는 어머니가 딸을 기다리는 형태로 전화한다. 작가는 이를, 딸이 저 멀리 모습을 보일 때면 만사 제치고 딸을 향해 달려오는 모습으로 형상화하면서 특별한 모정을 성공적으로 과시하기도 한다.

일상을 살아가다 보면 뱀이나 혐오성 동물들을 쫓는 데 필요한 막대기도 필요하고, 때로는 온몸을 기댈 지팡이도 절실한 상황이 엄습하기도 한다. 작가의 현재 나이보다 젊은 나이에 딸 하나 달랑 데리고 원주로 와서 살았던 시절부터 엄마가 기댈 곳은 어린 딸뿐이었을 것이고, 묻지 않아도 그 딸의 든든한 지팡이는 어머니였을 것이다. 사람은 사람에게 기대어 산다. 그래서 뜻 문자였던 동아시아의 한자에서 사람을 표현하는 글자의 형태가 사람이 서로 기댄 모습이 된 것은 그 보편성을 잘 현시한 예지라 짐작할 수 있다. 작가의 시선도 이제는 모녀 단둘의 세계에서 벗어나, 친구, 후배, 설이에게로 확대되고 있다.

엄마 외할머니 대를 이은 어머니의 음식 솜씨에 이르면, 은연중 작가에서 설이까지 유전하는 모성, 맛있는 식단으로 자녀들을 즐겁게 해주고 싶은 그 원형적인 사랑을 읽을 수 있다. 어머니와의 갈등을 어머니 특유의 솜씨로 차려주는 한 끼 식단, 딸에 대한 화해의 어떤 몸짓도 없이 정성껏 마련한 음식 안에 용해시킬 수 있었던 어머니의 그 모성이 마치, 유명 물리학자가 자세하게 설명을 해주어도 돌아서면 아무에게도 다시 설명해 주기 어려워 마치 짙은 어둠 속에서 길을 안내하듯 막막해지는 양자의 세계에서 말하는 '얽힘 entanglement'이나 '비국소성 nonlocality' 개념만큼 시공을 초월하여 할머니나 어머니의 마음, 그리고 설이나 그 후손들의 마음까지도 현재의 작가 내면에 공존하는 듯한 모성의 원형을 읽게도 한다는 말이다.

> 20대 초반으로 기억되는데 엄마와 갈등을 겪은 적이 있었다. 엄마도 나도 꺾일 생각이 전혀 없는 갈등이 계속되자 나는 결단을 해야 한단 생각을 하게 되었다. 마음의 결정은 이미 끝났고, 행동으로 옮기기만 하면 될 때, 며칠간 집을 떠날 일이 생겼다. 다시 돌아와서, 생각하고 결심한 것을 행동으로 옮기자하고 집으로 돌아왔을 땐 나름 예상한 시나리오를 몇 개 정하고 대처 방안까지 마련한 이후였다. 단단히 각오를 하며 집에 들어섰는데 예상 시나리오에서는 전혀 생각하지 못한 상황이 펼쳐져 있었다. 1층 현관부터 잔치집마냥 음식 냄새가 났는데, 그 잔치집이 다른 집이 아닌 우리 집이었다. 엄마는 며칠간 나가 있던, 한동안 갈등으로 불편했던 딸이 오는 날을 기다리며 음식을 준비한 것이었다. 들어가자마자 얼른 씻고 밥 먹으라는 말로 그간의 갈등 상황은 종료되었고, 밖에서 제대로 먹었겠냐는 한마디로 며칠간 준비한 내 시나리오를 무화시켜 버렸다. ―「손맛」에서

여기서 그 정체를 알 수 없음에도 작가의 글에서 빠짐없이 끼어드는 '설이'라는 어린애를 만나 보기로 하자. 먼저 '지천명知天命'의

초입에 들어선 작가는 아직 결혼할 생각이 없는, 비혼주의자까지는 아니더라도 결혼이라는 데 큰 의미를 두고 있지 않은 듯하다. 그런 작가의 성향을 밑바탕에 깔고 작가가 이끄는 대로 따라가 보자.

친구가 경영하는 어린이집에 오전에 나가 아가들을 돌본 적이 있는데, 그때 백일이 되지 않은 아가를 보게 되었다. 아가를 키워본 적이 없던 터라 설이를 돌보며 배워나간 시간이었다. 기저귀를 가는 법, 기저귀에도 앞뒤 구분을 해야 한다는 것, 분유 타는 법, 배고플 때 아가의 뺨을 톡톡 해봐야 한다는 것, 이 모든 것들이 낯설고 어려웠다. …… 친구는 이런 설이에게 '선생님엄마'라는 호칭으로 나의 존재를 알려줬다. 다섯 살이 되고 졸업을 하면서 설이와의 만남이 끝나는 것이 아쉬웠다. 가끔 보자고 했지만 이어지기가 쉽지 않음을 알기에 서운하고 보고 싶고 하던 차에 설이 부모의 배려로 주말엔 설이와 함께 놀 수 있는 시간을 갖게 되었다. 설이 부모의 고마운 선물이었다. ―「최 설」에서

놀이터 한 번 나가는 것이, 준비를 하고 허락을 받고 어른의 동행이 필요해진 시대를 살아가며 나는 어릴 적의 나와 내 친구들의 시간을 생각했고, 설이가 어른이 되었을 때 아이들이 살아갈 세상을 생각했다. 나의 예상을 완전히 빗나가게 할 세

상이 되어 설이의 아이들이 살아갈 세상과 내가 살아온 시간의 모습이 그리 다르지 않길 소망한다. 아이들의 소리가 골목에서 들려오고, 아이들의 소리가 놀이터에서 울려 퍼지고, 놀이터가 놀이터 본래의 모습이 되는 그런 세상을 기대하며.
ㅡ「놀이터에서」에서

 설이가 처음 옹알이를 한 날, 그동안 경험하지 못한 심장이 '쿵!'하고 내려앉는 것이 무엇인지를 알게 되었다. 그리고 그때부터 설이는 내가 낮 시간에 돌봐줘야 할 아기를 넘어선 아가가 되어버렸다. …… 가끔 나는 설이와의 헤어짐을 생각하는데 설이가 성장하며 설이의 세계 속의 나는 작아져 간다는 것을 스스로에게 잊지 말라고, 나중에 서운해 하며 눈물 흘리는 일 따위는 만들지 말라고 다짐하는 시간을 가지려 하고 있다. 전에 누군가가 나에게 나중에 선생님만 상처받을 텐데 그만하라는 말을 한 적이 있었다. 이 말을 들은 친구는 무슨 말이냐며 사랑할 때 사랑하면 되지 나중을 생각하라는 건 계산하라는 건데 그냥 지금 사랑하고 예뻐하란 말로 내 마음과 행동에 당위성을 갖게 해줬다. ㅡ「칼국수와 두부」에서

 작가의 직업에 따른 특성으로 오전이나 주말에는 일을 하지 않으므로, 그 시간을 채우기 위해 친구가 경영하는 어린이집에서 만

난 애가 바로 '설이', 외자 이름인 '최설'이다. 백일이 되지 않았을 때부터 다섯 살이 되어 어린이집을 졸업하기까지 보살피다 '엄마'의 호칭에 상응하는 엄마가 된 뒤, 그 헤어짐을 아쉬워하다 그 부모의 호의로 이제는 초등학생이 된 설이를 주말에만 만나 정을 나누는 이야기가 설득력 있게 읽힌다. 감기로 앓아누웠을 때 '선생님엄마' 약을 사준다고 하면서 돼지저금통을 헐어 제 어머니를 졸라 감기약을 사 온 다섯 살 적 설이의 모습을 떠올리고, 성장한 이후의 어느 시점에서는 잊힐지도 모른다는 불안에 이르기까지 보편적인 어머니의 정서가 잘 배어 있다.

'영원히 여성적인 것이 우리를 이끌어 올린다.'는 괴테의 말을 잠시 빌리자면 '영원한 모성이 이 세상을 이끌어 간다.'라고 고쳐 써볼 수 있을 것 같다. 작가의 글에서 그런 보편적이고 우주적인 모성을 읽게 된다. 여성을 '불완전한 남자an imperfect man'나, 존재하여야 할 필연성이 없는 '우발적 존재an incidental being'라고 했던 성 토마스 아퀴나스를 그답게 만든 주체가 바로 그가 폄훼해 마지 않던 여자인 그 어머니의 모성애였다는 사실을 되돌아보지 않을 수 없을 것이다. 이즘 들어 비정한 엄마들의 영아유기 사건이 자주 회자되고 있지만 이를 보편적 현상이라 할 수는 없다. 세상의 모든 여자는 원형적 모성을 가지고 있고, 그 지평을 세상의 모든 어린 생명으로 연장할 수 있다는 희망을 작가의 글을 통해 확인할 수 있어 참 반가웠다. '내 자식만 사랑해야 한다.'는 강박에서 벗어나 '네 아들딸들도 모두 내 자식이다.' 그런 어머니의 보편적 정서로 이 땅을 가득 채우는 꿈, 비밀 금고의 레이저빔처럼 한 발짝만 나가면 불가침의 영역을 경계 짓는 현실을 아직도 헤아리지 못하는 내 미망인가?

함께 그리고 따뜻한

작가가 지닌 따뜻한 감성은 이웃과의 관계에서나 집 앞 작은 텃밭에서 각종 채소류를 기르는 일에서도 잘 나타나 있다. 서툰 데다 바쁘기도 해서 미루던 텃밭 일을 이웃에 사는 원로 목사가 노구를 이끌고 대신 가꾸어 주는 과정을 통하여 그 이웃과의 관계가 어떠한지 짐작할 수 있게 한다. 사람이 살아가는 과정은 자기 확장의 여정이다. 자기 자신에서 가족, 이웃 그리고 미지의 세계에까지 변화와 유전의 세계를 지향하게 된다. 그 과정에는 돈이나 물질이 필요하듯 사람이 필요하다. 흔히 우리 주변에서 물질의 낭비로 인한 파국으로 고통을 호소하는 사람을 보게 된다. 그러나 더욱 심각한 비극은 사람을 낭비하는 경우다. 자기의 필요에 따라 사람을 만나고, 제 손익의 계산기가 작동하는 대로 버리고 매도하는 세태에, 타인과의 만남을 소중히 여기는 작가의 사람을 대하는 태도가 참 따뜻하다.

집 앞 나무가 울창했던 곳을 다시 시원하게 바꾼 다음 올해는 그곳을 텃밭으로 만들기로 했다. 말을 꺼내놓고 학생들 중간고사 기간이고 이런저런 일로 밭을 만드는 일을 미루고 있었는데, 어느 날 보니 두둑이 만들어져 있었고 비닐이 덮어 있었다. 뒷집 목사님이셨다. 여기 뭘 심으려 하시나? 게으름을 피우는 내가 답답해 움직이셨나 하는 생각을 하며 그냥 지나쳤는데 며칠 뒤 만난 사모님이 목사님께서 한나절 내내 땅을 고르고 비닐을 덮었다는 얘기를 들려주시며 아마 많이 힘드셨을 거란 말씀이었다. 금방 먹을 수 있는 것부터 조금씩 심어 먹으란 당부 말씀도 함께 해주셨다. ─「**목사님**」에서

  곁에서 관망하는 사람의 눈에는, 씨를 뿌리면 돋아나고, 시간이 지나면 자라는 작물의 세계가 참 평화롭고 자연스럽게 보인다. 그러나 우리 주변에 있는 어느 논밭이든 그 땅을 가꾸는 농부의 손길이 아무렇게나 지나치는 일은 없다. 발아의 조건에 최적인 밭이랑을 조성하고, 최적의 때를 가려 파종하고, 작물의 상황에 따라 물을 주고, 비료를 뿌리고 잡초를 제거하는 일에 어느 하나 소홀히 하지 않는다. 농사일을 하지 않다가 작가처럼 취미 삼아 텃밭이라도 가꾸고자 하는 초보자가 저지르는 실수는 대체로 관심의 과잉에서 비롯된다. 물만 많이 주면, 비료만 충분하면 잘 자랄 것이라는 보편적 상식이 개개의 작물에 그대로 적용되지 않는다는 사실을 간과한 탓이다. 예전의 대가족 제도에서는 육아의 고수들이 늘 곁에서

지켜보는 가운데 자녀를 양육할 수 있었다면, 이즘은 육아의 초보자들이, 그것도 전업이 아닌 야간 돌봄이 정도의 역할만으로 자녀를 양육하다 보니, 독인지 약인지도 모르고 달라는 것 다 주고, 하고 싶은 짓 다 하게 하다 보니 때때로 뉴스의 주인공이 되기도 한다. 자녀의 학교폭력 사건이 고위직 청문회의 단골 메뉴가 되는 이 땅의 현실에서, 차라리 아무렇게나 뿌린 시금치 씨앗이 초라하지만 제 본성대로 자라고 있음을 눈여겨보는 작가의 시선이 참으로 올곧다.

은밀하게, 소중하게

 작가의 글을 읽으며 참 씩씩하다는 생각이 들었다. 모녀만의 여유롭지 못한 환경에서 외롭게 자란 데다, 그 어머니와도 헤어져 홀로 남은 처지에서도 당당하게 세상과 대면하고, 사람들과의 관계를 부담스럽지 않게 헤쳐 나가는 모습이 남다르게 보인다. 강 작가뿐만 아니라 누구나 겉모습대로 살 수는 없다. 강 작가 또한 남들 앞에 보이는 씩씩하고 당당한 모습과는 다른 은밀하면서도 소중한 내면의 정서를 끝까지 숨기지는 않는다.

> 어머니가 떠나시고 마음 둘 곳 없을 때 강으로 길을 따라 달려갔다. 한참을 그곳에서 강바람을 맞고 머물다 오면 숨이 쉬

어졌다. 지금도 시간만 나면 내가 좋아하는 귀래, 목계, 소태, 단강, 부론 길로 달려간다. 이 모든 곳을 아우르는 강이 흐르는 곳에서 서성이다 오면, 아무것도 없음에도 뭔가 있어진다. 길 위에서, 강가에서 나는 비로소 바로 설 수 있었다. 비틀거리면서도 앞으로 나아갔고, 나아가자 숨이 쉬어졌다. …… 길은, 작고 소박한 길은, 강, 잔잔하게 품고 가는 강은 나를 품어주는 나의 쉼터이다. ―**「길, 강」에서**

때를 따라 사는 삶을 생각하게 했다. 자연의 이치를 따라 피어났던 목련꽃은 자연의 이치를 따라 사람들에게 사랑받는 모습을 잠시 잃었지만 또 생각해보면 다른 깨달음을 얻게 했으니…, 이 또한 '때'를 알게 하는 자연의 이치는 아닐까 하는 생각을 하게 된다. 나의 삶이 역류하는 삶을 살고 있지는 않은지…, 때를 거스르는 삶을 살고 있지는 않는지…, 아름다움을 잃은 올해의 목련이 내게 준 선물이다. ―**「목련」에서**

부론의 흥원창에서 신경림의 「목계장터」로 잘 알려진 목계까지 남한강을 끼고 이어지는 그 길은 나도 좋아하는 길이다. 일부러 찾아가는 일은 드물지만, 충주 방면에 일이 있어 찾아가는 길에는 조금의 시간적 여유를 가지고 그쪽을 선택할 때가 더러 있다. 그 길은, 이제는 이 땅에 머물지 않는 김지하 시인이 가끔 나를 졸라 거절하지 못하고 가자고 하는 대로 다니면서 알게 된 길이다. 통행하는 차량이 드물어 자연경관을 만끽할 수 있고, 남한강을 따라가며 흐름의 의미를 되새기는 일이 싫지 않은 게 혼자서도 가끔 찾는 빌미가 되기도 한다. 단강 언저리 어느 지점 강변에서, 시의 절필을 선언하며 써놓은 시편 뭉치를 불태운 곳이라던 김 시인의 웃음인지 분노의 절제인지 모를 그 미묘한 표정이 눈에 선하다. 그런 그 길을 작가도 어린 날 비밀스런 나무 밑을 찾듯 피난처로 선택하여 자주 찾아간다는 말에 반갑기도 하고 공감이 간다.

어머니를 대체할 만한 자연의 품에 안기어 때를 사유하고, 왜곡까지 마다하지 않을 만큼 지나온 시간을 소중히 하며, "과거의 실제와 추억이 일치되는 삶, 그 삶은 현재의 나도 미래의 나도 같은 삶의 선상에 놓을 테니 그 삶을 위해 오늘 하루도 신나게 살아야 한다."는 작가의 다짐에 격려의 박수를 보낸다.

강화진 작가의 이 첫 작품집은, 어머니에 대한 헌사이자, 어머니의 어머니들에서 설이와 그 뒤를 이을 미지의 딸들에까지 이승과 저승의 경계까지 허무는 동시성의 모성을 잔잔한 파랑으로 독자에게 전하는 다사로운 속삭임이다. 쓸쓸하고 두렵기까지 했던 그 삶의 실체를 화려한 치장으로 포장하지 않고, 어쩌면 부끄러워해야 할 국면까지 담담히, 그리고 조곤조곤 읊어나가는 글쓰기의 태도가 참으로 가상하다. 자기와 세계를 대면하는 마음가짐 또한 흠잡을 데 없이 바르고 뚜렷하다.

> 감정을 토로하기 위해 지은 문장은 요점이 간략하면서도 진실을 묘사할 수 있지만, 문장을 짓기 위해 감정을 조작한 문장은 표현의 지나친 화려함으로 번잡함만 넘치게 된다.[爲情者 要約而寫眞 爲文者 淫麗而煩濫]

「문심조룡」의 동아시아적 사유가 제시하는바 글쓰기의 자세가 올바르다는 뜻에서 강 작가의 글쓰기 태도에 전폭적 찬사를 보내면서도, 작품에 동원하는 언어에는 좀 더 엄격해야 하고, 뜻을 전하는 일에는 좀 더 절제의 미를 갖추길 당부하면서 첫 작품집을 세상에 내보내는 강 작가에게 축하의 뜻을 전한다.